늦가을 서리꽃

행자幸子와 복자福子 이야기

행자幸子와 복자福子 이야기

늦가을 서리꽃

글 오인택 · 서국선

건강신문사
www.kksm.co.kr

서문

소설 〈늦가을 서리꽃〉은 처음부터 두 사람의 손끝을 지나 완성되도록 기획된 작품이다.

이야기의 첫 씨앗이 움튼 날, 우리는 한 가지 분명한 원칙을 세웠다. 서로 다른 두 사람이 함께 쓴 소설이 아니라, 한 사람의 심장과 다른 한 사람의 숨결이 조화롭게 스며든 이야기여야 한다는 것.

오인택 저자는 전체 이야기의 뼈대를 세우는 역할을 맡았다. 인물의 운명선, 장면과 장면 사이를 잇는 정서의 흐름, 그리고 행자와 복자 두 여인의 시간 속에 드리워진 '서리꽃' 같은 삶의 결을 그렸다. 하나의 큰 강처럼 소설이 흘러갈 방향을 잡고, 굽이치는 강물의 길목마다 어떤 고요와 어떤 파도가 기다리는지 그리는 것이 그의 몫이었다.

서국선 저자는 그 강 위에서 반짝이는 물결 하나하나의 디테일을 살려냈다. 등장인물의 표정 사이에 숨어 있는 미세한 떨림, 손가락 끝의 습관들, 방 안의 먼지 냄새와 바람 소리까지—삶을 이루는 작은 입자들을 정성스레 붙잡아 문장 속에 불어넣었다. 시놉시스를 처음 만들던 자리에서 이미 정해진 분업이었다.

"큰 이야기는 오인택이 만들고, 그 이야기가 숨 쉬게 만드는 세밀한 공기는 서국선이 채운다."

초고는 오인택 저자가 완성했다. 이후 원고는 두 사람의 손을 오가며 수십 차례 다시 숨을 들이마셨다 내쉬었다. 장면 하나를 두고 밤늦게까지 의견이 오갔고, 어떤 단어를 쓰느냐를 두고 서로의 감정과 기억을 꺼내놓기도 했다. 때로는 서로의 문장을 고쳐 쓰고, 때로는 서로의 문장을 지웠다. 시간이 쌓이며 이 소설은 어느 한 사람의 것이 아니라, 두 저자가 함께 떠올린 기억이자 함께 건너온 정서가 되었다.

소설 속 두 여인, 행자와 복자의 삶이 전혀 다른 듯하면서도 서로 닮아 있듯, 작품을 완성한 두 저자 역시 서로 다른 결을 가진 존재다. 그러나 그 차이는 충돌이 아니라 풍요로움이 되었고, 다름이 이 이야기의 숨결을 완성했다.

독자 여러분이 이 소설을 읽으며 느끼게 될 모든 감정들-슬픔, 연민, 잔잔한 떨림, 그리고 늦가을 서리처럼 피어나는 한 송이 꽃 같은 희망-그 모든 감정은 두 저자가 나란히 걸어온 길 위에서 피어난 것이다.

이제, 당신의 시간 속에서 이 이야기의 마지막 숨결이 완성되기를 바라며

오인택 · 서국선

목차

서문 4

프롤로그

행자 : 남들의 다행을 위한 이름 8

복자 : 축복받은 부잣집 막내딸 12

1장 한 어머니의 몰락 17

2장 한 사람의 기억 24

3장 딸의 제안 37

4장 두 사돈의 재회 45

5장 두 여자의 싸움 51

6장 두 어머니의 이야기 61

7장 두 개의 시계 71

8장 두 집의 거리 87

9장 두 사람의 시간 104

10장 두 여자의 날들 116

11장 늦가을 서리꽃 130

프롤로그

“행자” 남들의 다행을 위한 이름

전쟁의 그림자가 물러난 늦가을, 수원화성 근처 작은 한옥 마당에서 갓난아이의 울음소리가 터져 나왔다. 행자가 이 세상에 첫발을 내디딘 순간이었다.

“선량하고 거울처럼 깨끗한 아이가 되렴.”

어머니는 딸의 이름을 ‘선경’으로 정했다. 아버지도 그 이름이 마음에 들었다. 깨끗하고 맑은 거울善鏡처럼 순하고 착한 딸이라는 뜻이었다.

출산 후 사흘째 되는 날, 아버지는 딸의 출생신고를 하러 동사무소에 갔다. 도중에 친구들과 만나 첫딸 출생을 축하한다며 소주 몇 잔을 기울이고 나니 어느새 시간이 늦어졌다. 가을 찬바람이 볼을 스치자 술기운이 도는 듯했다.

“출생신고하려고 왔습니다.”

동사무소 말단 공무원이 서류를 건네자, 아버지는 비틀거리며 빈칸을 채워나갔다. 이름 칸에 다다르자 그의 손이 잠시 멈췄다.

'우리 딸이 선경……. 선善……'

술 취한 손은 제멋대로 움직였다. 결국 아버지는'善(선)'자 대신 '幸(행)' 자를 써서 서류를 제출했다. 공무원은 비뚤비뚤한'김' 과 '행'두 글자를 보고 한숨을 쉬었다.

"이름이'행'자로 끝이에요?"

"행자……행자요?"

"김행자란 말이죠?"

공무원은 술 냄새를 풍기는 아버지를 보고 고개를 젓더니 마음대로 쓱쓱 빈칸을 채웠다.

"신고 끝났습니다."

"예……고맙습니다."

아버지는 대충 고개를 끄덕이고 휘적휘적 집으로 돌아왔다. 술기운에 정신이 없었던 그는 딸의 이름이 바뀌었다는 사실을 전혀 눈치채지 못했다.

사실이 밝혀진 것은 며칠 후 어머니가 호적등본을 떼러 간 날이었다.

"어머, 이게 뭐야! 우리 딸이 김행자라구?"

“무슨 소리, 김선경이어야 하는데…….”

동사무소에 달려가 확인해보니, 분명히 ‘행자(幸子)’라고 써져 있었다. 비뚤한 ‘행’ 자 하나만큼은 분명 아버지의 필체였다.

이름을 고쳐 달라는 말에 공무원은 곤란해했다.

“고치려면 개명 허가란 걸 받아야 하는데요. 서류도 복잡하고 돈도 드는데……큰 일 아니면 그냥 살지요.”

하루 벌어 하루 먹고살기도 바쁜 시절이라 이름 고칠 시간도 돈도 없었다. 집으로 돌아온 부부는 고민에 빠졌다.

“어쩌지? 선경이가 얼마나 예쁜 이름인데…….”

그때 어머니가 문득 말했다.

“생각해보니 어쩌면 하늘이 정해준 이름일지도 몰라. 당신이 다행 행(幸)자를 썼잖아. 우리가 이 아이를 가진 것도 다행이고, 건강하게 태어난 것도 다행 아녀요?”

아버지도 고개를 끄덕였다.

“그래, 다행이라고 생각하자. 이름이 뭐가 중요해? 건강하게 자라면 되지.”

그렇게 한 여자아이는 ‘선경’이 될 운명이었지만, 아버지의 실수로 ‘행자’가 되었다.

당시엔 아무도 몰랐다. 그 작은 실수가 딸이 평생의 운명을 의심하게 할 줄은. 훗날 행자가 인생 속에서 끊임없이 스스로에게 질문을 던지게 할 줄은.

내 이름 때문에, 깨끗하고 순진무구할 운명에서 남들의 다행을 위해 고생하는 팔자가 된 것은 아닐까?

다정한 남편이 일찍 세상을 떠났을 때, 가난으로 깊은 모멸감을 느꼈을 때, 아들이 사라져버렸을 때……. 그때마다 행자는 중얼거렸다.

'행자가 아닌 선경으로 살았다면, 나의 인생은 달랐을까?'

이제는 내키면 시간과 돈을 들여 이름은 바꿀 수 있지만, 행자는 이름이 정해둔 운명은 바뀌지 않을 것이라고 행자는 믿었다. 그저 바뀐 이름처럼, 주어진 하루하루를 다행으로 받아들이며 살아갈 뿐이었다.

“복자” 축복받은 부잣집 막내딸

행자가 태어나기 십여 년 전, 서울 종로구 북촌 한옥 마을의 큰 기와집에서 갓난아이의 울음소리가 울려 퍼졌다.

그 아이가 태어난 집은 대대로 부유한 집안이었다. 할아버지는 일제강점기에도 상당한 재산을 유지한 지주였고, 아버지는 광복 직후의 혼란기에 사업 수완을 발휘해 재산을 나날이 불려갔다. 마당이 세 개나 되는 한옥에는 머슴과 식모들이 드나들었고, 집안에는 늘 손님들의 발길이 끊이지 않았다.

복자는 그런 집안의 막내딸이었다. 위로 이미 아들 셋이 있었지만, 오랜만에 태어난 딸의 탄생에 온 집안이 들썩였다.

“어머, 공주님이 태어나셨네!”

산파 할머니가 복자를 안고 나오며 환한 미소를 지었다.

복자는 다른 아이들과 달리 태어나자마자 울음을 뚝 그치고 맑은 눈을 껌뻑거렸다. 세상을 호기심 어린 눈으로 바라보는 손녀의 모습에 할아버지는 깊은 감명을 받았다.

“이 아이……범상치 않다. 관상이 복스럽기가 이를 데 없어.“

할아버지는 평소 관상에 관심이 많았는데, 복자의 이마가 넓고 귀가 크며, 특히 눈이 맑고 총명해 보인다며 감탄했다.

“이 아이는 우리 집에 큰 복을 가져다 줄 아이야. 틀림없어!”

“정말 복스럽게 생겼어요. 이렇게 예쁜 손녀가 어디 있을까?”

할머니도 복자를 보며 고개를 끄덕였다.

그때 큰아들이 조심스럽게 물었다.

“아버지, 아이 이름은 어떻게 지을까요?“

할아버지는 잠시 생각하더니 단호하게 말했다.

“얘는 복자福子다! 복을 가져다줄 아이 아니냐.”

온 가족이 그 말에 동의했다. 복자라는 이름은 그녀가 가져올 복에 대한 기대와 사랑이 고스란히 담긴 이름이었다.

실제로 복자가 태어난 후 집안에는 좋은 일이 연달아 일어났다. 아버지의 사업은 더욱 번창했고, 복자 오빠들도 하는 일마다 탄탄대로를 걸었다. 농사짓는 땅에서도 유난히 풍년이 들었다.

"역시 복자가 우리 집 복덩어리야!"

할아버지는 복자를 보며 늘 흐뭇해했다. 복자가 걸음마를 시작할 무렵에는 정자에 데리고 나가 동네 사람들에게 자랑하기 바빴다.

"우리 복자만 보면 기분이 좋아. 정말 복을 가져다주는 아이야."

복자는 깊은 관심과 사랑 속에서 자랐다. 집안의 어른들은 복자를 '복덩어리', '우리 집 보물'이라 불렀다. 복자가 원하는 것은 무엇이든 들어주었고, 최고의 옷과 음식은 복자 몫이었다.

"복자는 우리 집에서 가장 소중한 아이야. 절대 부족한 게 있으면 안 돼."

어른들의 당부로, 어머니는 복자에게 늘 각별히 정성을 들였다. 복자는 늘 새 옷을 입고 맛있는 음식을 먼저 먹었다. 이웃집 아이들이 복자를 부러워하는 것은 당연한 일이었다.

이렇게 복자는 아이 때부터 자신이 특별한 존재임을 당연하게 여겼다. 모든 것은 자신을 중심으로 돌아가며,

복자 자신이 원하는 것은 응당 이루어지게 되는 것이라고 믿었다.

그때 복자는 몰랐다. 자신의 이름에 담긴 기대가 얼마나 큰 것인지, 그리고 그 기대가 훗날 어떤 부담으로 돌아오게 될지.

복자라는 이름은 축복이자 동시에 짐이었다. 평생 복되어야 한다는 압박, 늘 완벽해야 한다는 기대, 그리고 모든 것을 가진 사람답게 행동해야 한다는 부담.

광복 후 새로운 시대가 열리던 시절, 서울 북촌 한옥집에서 시작한 복자의 인생은 축복과 기대 속에서 출발했다. 하지만 세월이 흘러 복자의 삶에서 그녀의 이름이 어떤 의미를 가질지는 아무도 예상하지 못했다.

1장

한 어머니의 몰락

행자는 예순다섯 해를 굴곡 없이 흘러왔다. 큰 행운이라든지 영광 같은 건 없었지만 대단한 비극 역시 없었다. 뉴스에서 남의 불행을 보고 안쓰럽게 여기다가 채널을 돌리는, 지극히 평범한 삶이었다.

감자를 깎던 행자는 창문 너머 단풍나무를 바라보았다. 나무는 붉은 잎을 다 떨어뜨린 채 앙상한 가지만 남겨두고 있었다. 분명 쓸쓸하지만 뿌듯할 것이다.

행자의 인생이 나무라면, 봄 여름 잘 보내고 가을에 열매까지 잘 맺었다. 아들 딸 둘이 잘 되길 바라는 것 외엔 대단한 기대도 없었고, 잎만 잘 떨어뜨리면 되었다. 그런 마음으로 잘 되던 작은 반찬가게도 얼마 전 권리를 내놓고 물러난 것이다.

그런데 어쩌다 늦가을이 다 되어서 이런 모진 바람을 맞게 된 걸까? 선선한 바람에 단풍 하나둘 떨어뜨릴 시간조차 주지 않을까.

시어머니가 물려준 오래된 벽시계가 오후 세 시를 알리며 무거운 소리를 냈다. 사십 년간 함께해온 시계가 재촉하는 듯해 행자는 다시 감자를 깎기 시작했다. 허기는 지는데 입맛은 좀처럼 없는 요즘, 시장에서 사온 감자 한 봉지 맛있게 삶아볼 생각이었다.

그러나 시계가 세 번 울리고 다시 정적이 찾아오자, 행자의 손은 또 다시 멈췄다. 행자는 자신의 손을 내려다보았다. 칼날에 묻은 감자 전분이 하얗게 말라붙고, 깎인 감자 껍질들이 싱크대에 소복이 쌓여 있었다.

"무서워라."

행자는 자기도 모르게 중얼거렸다. 일주일 전 아들이 사라진 후, 집안은 지독히 조용했다. 낡은 벽에 걸린 가족사진에만 오래 전 웃음소리가 고여있는 듯했다.

중앙에 걸린 가장 큰 사진은 아들이 대학에 입학했던 해 봄에 찍었다.

그날 참 좋았다. 행자와 아들딸 세 사람이 정장을 차

려입고 사진관 카메라 앞에 섰다. 의자에 앉은 행자는 새로 한 머리를 어색하게 만지며 등 뒤에 선 자식들을 돌아보았다.

"자 웃으세요, 하나, 둘, 셋!"

사진사의 목소리와 함께 플래시가 터지던 그 순간이 얼마나 소중했는지. 배달된 사진 액자를 아들이 벽에 건 날, 행자는 한참 들여다보며 흐뭇해했다. 어쩌다 손님이 올 때면 자랑스럽게 자식들을 소개했다.

"우리 아들 곧 대학 졸업해요. 딸도 이제 입학했으니, 다 키웠죠."

액자 귀퉁이에는 남편의 얼굴도 있었다. 딸이 오래된 남편 사진을 오려 조심스레 붙여 둔 것이다. 사진을 멀리서 보면 온 가족이 여전히 함께 있는 것처럼 보였다. 비록 행자는 성인 자녀를 둔 주름진 얼굴이고 남편은 생전의 젊은 청년의 얼굴이지만, 네 사람은 여전히 가족임에 틀림없으니.

주책스럽게 자식 자랑을 늘어놓던 시절, 행자는 확신했다. 우리 가족의 장래는 앞으로 더욱 밝을 것이라고. 아들딸은 탈 없이 대학을 졸업해서 좋은 회사에 들어가고, 각기 멋진 짝을 만나 결혼할 것이다. 또 시간이 흐르면 손자 손녀로 이 낡은 집이 북적이겠지. 그러다 나이가 들어 이 집에서 고요히 죽는다면, 딱 좋은 것이다.

사진 속 세 사람의 얼굴은 철없이 환했다. 바보같이 웃는 것 좀 봐. 셋이 액자 앞에 서서, 서로의 얼굴을 보면서 웃기도 했다. 하지만 이제 현관을 드나들며 액자를 마주칠 때마다 행자는 사진 속 웃음이 불편했다. 정성스럽게 오려 붙인 남편과 사라져버린 아들, 한없이 착한 딸의 얼굴에서 고개를 돌려버렸다.

-

전화벨이 울린 건 감자를 넣은 냄비에 불을 올린 직후였다.

행자는 냄비 뚜껑을 내려놓고 식탁으로 달려갔다. 손에 묻은 물기를 앞치마에 닦고 휴대폰을 집어 들기까지 가슴이 마구 두근거렸다.

아들의 전화일지도 모른다.

전화를 받아보니 행자의 딸이었지만, 이야기는 아들에 대한 것이었다.

"오빠한테……전화 왔어."

이어지는 한숨소리를 듣고, 행자는 침을 삼켰다. 꽉 쥔 휴대폰의 모서리가 날선 얼음덩어리처럼 차고 따가웠다.

"그래, 걔 지금 어디 있대? 밥은 잘 먹고……?"

"지금 오빠 밥이 문제야? 다 망하게 생겼는데?"

딸이 벌컥 화를 냈다.

지난달까지만 해도 아들은 자기 사업에 대해 즐겁게 늘어놓았다. 새로 따낸 계약을 설명하며 기뻐했던 얼굴을 행자는 기억했다.

"회사는 문 닫았고, 오빠 집도 넘어갈 것 같대. 그리고……."

"회사 문을? 집은 또 왜?"

익숙한 단어들이 죄다 외국어처럼 생소했다.

"가상화폐로……처음엔 돈을 좀 벌었대. 그러다 상황이 안 좋아지니까 막아보겠다고 이것저것 했나 봐."

회사에 투자받은 돈이며 사채까지, 엉망진창으로 쏟아부은 모양이었다. 가상화폐 얘기라곤 뉴스에서 몇 번 들은 게 다였지만 행자는 상황을 어렴풋이 이해했다. 그것이 무엇이든, 잘못을 수습해보려던 아들의 허우적거림이 혼자 해결할 수 없는 지경에 이르른 것이다.

행자는 조용히 머릿속으로 계산해보았다. 어디까지 도와줄 수 있을까? 그녀가 가진 거라곤 반찬가게를 정리하며 모아둔 약간의 비상금과 매달 떨어지는 작은 연금이 다였다. 그것으로 아들의 상황을 해결할 수는 없을 것이다.

하지만 집은 있다. 이 집은 남편이 남긴 행자의 몫이니까.

“얘, 오빠 연락되면 일단 엄마 집으로 들어오라고 해. 같이 대책을 찾아야지.”

머뭇거리던 딸이 내뱉었다.

“엄마 집도 담보로 잡혀 있다며.”

“뭐?”

“몰랐어……?”

행자는 주저앉았다. 방바닥을 짚은 손바닥이 저렸다. 그리고 한 박자 늦게 핑 현기증이 났다.

“아이고, 어쩌니.”

몇 달 전 아들이 무턱대고 도장 좀 찍어달라며 내밀던 서류를 기억해낸 것이다. 그때 행자는 동태찌개를 끓이던 중이었다. 뭐라고 대답했던가? 엄마 귀찮게 하지 말라고. 티비장에 도장 지갑이 있으니 꺼내가라고, 행자는 말했다.

“어머, 딸아, 내가 네 오빠를……어쩌니.”

안 된다고 잘라낼걸. 서류의 깨알같은 글자를 읽어보기라도 할 걸 그랬다. 행자는 제 도장이 이렇게 무서운 것이 될 줄 몰랐다.

"내가 무슨 짓을 한 거니, 내가……우리 집 어쩌니?"

삼십 년을 살았던 집, 마당의 감나무, 아들이 어릴 적 그네를 매어주었던 그 나무는 어떻게 되는 걸까? 감나무는 행자네 가족이 이 집에 처음 왔을 때 심었는데, 이제 키가 이 층 높이다.

그리고 아들은? 연락도, 어떤 설명도 없이 어디선가 숨어서 고요하다.

한참 둬라고 달래던 딸은 이따 전화하겠다며 전화를 끊었다. 메마른 신호음만 울릴 때까지, 행자는 수화기를 들고 있었다.

고요한 집에 감자 삶는 냄새가 스미기 시작했다. 고소하고 따뜻한 냄새였다. 행자는 조용히 일어나 가스레인지를 껐다. 푸른 불꽃이 스르르 사라지면서 작은 바람 소리를 냈다.

더이상 배가 고프지 않았다.

2장
한 사람의 기억

대문에 붙은 붉은 서류를 행자는 빤히 들여다보았다.

강제경매 통지서. 일곱 글자는 나쁜 꿈속의 일 같기도 하고, 자식 잘못 키웠다는 훈계 같기도 했다. 행자는 대문을 잠그고 서둘러 집 안으로 숨었다. 그러나 거실 창구석에 서면 이웃들이 오며 가며 들여다보는 눈빛이 보였고, 벌떼 같은 속삭임이 들렸다.

"정말 모를 일이다. 그 착한 아들이……."

"애들이 사업하겠다고 하면 조심해야 돼. 다 같이 나앉는다니까."

"그렇게 엄마 찾아오더니 요즘은 보이지도 않네요."

행자는 서러워 어깨를 웅크리면서도, 창문 아래 숨어

이웃들의 이야기를 엿들었다. 자신에 대한 쑥덕거림을 한 마디라도 놓칠까 무서웠다. 비난마저 없으면 행자의 삶이 정말 악몽처럼 흩어져버릴 것처럼.

얼마 후 찾아온 딸이 어깨를 감쌌다.

"엄마, 일단 우리 집에 와요."

행자는 담담한 목소리 아래 깔린 복잡한 마음을 읽어냈다.

딸 부부 역시 궁지에 몰려 있었다. 증권사에서 승승장구하다 3년 전 주식에 실패한 사위는 아파트를 팔고 시외곽으로 이사했다. 택배일은 밤낮으로 바빠서, 아이를 낳으며 직장을 그만두었던 딸도 덩달아 그를 돕고 있었다. 번듯한 직장을 다니던 젊은 부부가 이제 나란히 택배차를 타고 골목을 누비고 있다는 생각을 하면, 행자는 늘 가슴이 찢어지는 것 같았다.

"너희도 힘든데 나까지 가면 어쩌려고 그러니?"

허탈한 웃음이 목구멍에서 올라왔다. 빠듯한 벌이로 두 아이를 키우는 젊은 부부에게 행자는 또 다른 짐일 뿐이다. 그러나 딸은 막무가내로 집에 오라고 우겼다.

"여기 숨어 있다고 될 일이 있어요? 미용실도 맘대로 못 가면서……경매 정리될 때까지만이라도 우리 집에 있어요."

예전에 딸에게 우리 집은 바로 이 집이었는데. 불도 켜지 않은 집에서 행자는 딸을 바라보다가 고개를 끄덕였다. 손자 손녀는 초등학생으로 손이 갈 나이는 지났지만, 그래도 가면 반찬 하나라도 더 놓아주고, 빨래라도 더 개켜줄 수 있지 않을까.

며칠 후 행자는 낡은 옷가방 하나에 짐을 챙겼다. 모서리와 손잡이가 해어진 가방에는 사계절을 날 수 있는 옷가지 조금과 서류 두어 가지, 연금통장, 매일 먹는 약이 다였다.

가방을 들고, 행자는 삼십 년간 집에 쌓은 세월을 찬찬히 돌아보았다. 커다란 장롱과 시트가 푹 꺼진 사인용 소파, 아들딸 방의 책상과 침대, 아들딸이 월급을 벌면서 사다 나른 부엌 가전들……업자들이 전부 꺼내어 버리든지 헐값에 처분할 것이라고 했다. 행자는 자기가 죽고 나면 이 짐을 다 어떻게 처리할지 고민이었는데, 뜻밖에 일찍 정리하게 된 셈이다. 냉장고의 마른반찬만은 아깝기도 하고 아무도 가져갈 사람도 없으니 쇼핑백 가득 챙겼다. 아들이 좋아하는 고추 장아찌와 연근조림을 담아둔 것이 있었다. 남은 양념을 긁어 딸이 잘 먹는 잔

멸치도 새로 볶아서 담았다.

행자는 집안의 모든 서랍을 열어보았다. 티비장 아래 서랍에는 거기 있는지도 몰랐던 묵직한 앨범이 있었다. 먼지 쌓인 앨범에는 아들딸의 어린 시절 사진과 상장이 겹겹이 채워져 있었다. 행자는 앨범 몇 장을 넘기다 떨리는 손으로 표지를 덮었다. 그리고 서랍에 넣고 그대로 닫은 뒤 집을 나섰다.

마당의 감나무에는 아직 몇 개의 감이 달려 있었다. 마당에 떨어지거나, 까치가 쪼아먹고도 남은 껍질이 마르고 주름진 감들을 행자는 잠시 바라보았다. 삼십여 년 전 남편이 마당에 무엇을 심을지 물어보았을 때 대답하던 제 자신의 젊은 목소리를 떠올릴 수 있었다.

감나무 어때요? 홍시 만들어 먹으면 얼마나 달콤할까요.

그거 좋네! 우리 행자가 홍시를 그렇게 좋아하는데. 웃음을 터뜨린 남편은 다음 날 어디서 구해왔는지 어린 감나무 한 그루를 들고 왔다. 그는 말했다.

그런 일도 있었던 집이다. 행자는 잠시 눈을 감았다. 눈을 뜬 뒤에는 버스 시간에 맞추려고 서둘러 걸었다.

-

행자는 버스 창밖을 바라보았다. 마른 논 위로 흔들리는 갈대가 가을 바람에 휘청거렸다. 시간에 떠밀려가는 행자의 기억들 같았다. 정차할 때마다 들려오는 둔탁한 엔진 소리가 한숨 같아, 행자는 자꾸만 고개를 들었다.

버스 앞에는 광고가 반복되고 있었다. 침침한 눈이 따가워, 행자는 창 밖을 바라보다가 제 얼굴을 마주쳤다. 늘 거울에서 보던 노인의 얼굴이 새삼 낯설었다. 눈가 잔주름이 거미줄 같고 입가에는 팔자주름이 깊었다. 그 주름 사이사이에는 반찬가게에서 보낸 긴 세월이 고스란히 있었다.

요즈음 류마티스 관절염으로 따끔거리는 손마디는 들여다 볼 필요도 없이 핏줄과 반점 범벅이다.

'행자, 자네……. 늙긴 늙었어.'

행자는 창문 속 자신을 보며 중얼거렸다. 곱고 추함을 떠나, 어머니의 얼굴이 보일 때마다 놀라웠다. 어릴 적부터 늘 같은 모습으로 기억했던 어머니가 장례식에서 보니 어느새 주름진 노인이 되어 관 속에 누워있었던 것처럼, 행자도 그 길을 따르는 것일까?

버스가 흔들릴 때마다 창문 속 자신의 모습도 함께 흔들렸다. 행자는 생각했다. 인생도 이렇게 흔들리며 흘러

가는 것이구나.

아들이 사라지기 전까지는 생을 돌아볼 새도 없이 빠르게 흘러가던 하루하루였다. 몇 년 전 힘에 부쳐 정리하기 전까지, 시장 골목의 반찬가게는 손님이 끊이지 않았다. 매일 새벽에 일어나 아주머니들과 재료를 다듬고 요리를 하고 손님을 맞았다. 그 바쁜 와중에 아들딸이 저들 좋은 사람과 결혼도 하고 자기 삶도 잘 꾸려나간다니, 고마울 뿐이었다. 매일매일이 정신없고, 정신없이 즐거웠다. 그 시절 행자는 자신이 꽃이 만개한 정원의 주인 같다고 생각했다. 색색깔의 맛깔나는 반찬과 성실하고 예쁜 아들딸, 비슷한 하루지만 그래서 좋았다.

그 삶에서 복자는 가장 이상한 존재였다.

-

딸의 시어머니 복자는 처음부터 낯설고 단단한 벽처럼 행자 앞에 나타났다. 딸이 결혼을 준비하면서 복자와 마주치는 내내, 행자는 헤아리기 어려운 불편함을 느꼈다. 그러나 반찬가게에도 그런 일이 있다. 잘 짜놓은 고소한 참기름에 실수로 물 한 방울을 떨어졌을 때, 잘 감겨들지 않고 그 한 방울이 겉돌 때. 애초에 맞지 않는 두 존재가 마주친 것이다.

두통으로 상견례를 미루겠다는 예비 사부인의 이야기를 듣고, 행자는 인사를 할 겸 전복죽을 쑤어서 전달받은 주소로 향했다. 사정은 잘 모르지만 사돈도 바깥양반이 안 계시다니, 과부끼리 할 이야기가 많지 않을까 하는 기대도 있었다.

하필 그날 예고에 없던 소나기가 쏟아졌다. 버스는 고급 아파트 앞 정류장에 멈추었고, 행자는 우산도 없이 정성 들인 죽과 반찬을 보호하느라 허둥거렸다.

새로 산 분홍빛 블라우스는 빗물에 젖고, 정성스럽게 빗어 올린 머리는 비에 젖어 볼에 달라붙었다. 반찬이 든 종이가방도 점차 빗물에 젖어 축축해지고 있었다.

거울 같은 빗물이 고인 아스팔트에 비친 자신의 모습을 보며 행자는 한숨을 내쉬었다.

"하필 오늘이람."

행자는 투덜거리며 손수건으로 얼굴을 애써 닦았다. 소나기는 여전히 그칠 기미를 보이지 않았고, 행자는 젖은 구두로 강남의 높은 아파트 단지를 향해 걸었다.

첫인상은 글렀구나. 행자는 한숨을 쉬었지만, 종이가방에 든 죽이 아직 따뜻한데 돌아갈 수는 없었다.

아파트에 도착했을 때, 행자는 이미 흠뻑 젖어 있었

다. 현관에서 물기를 털어내며 거울을 보니 정말 처참한 모습이었다. 초인종을 누르기 전, 행자는 젖은 분홍빛 블라우스를 몇 번이고 매만졌다. 하지만 아무리 손질해도 빗에 젖은 모습은 감출 수 없었다. 블라우스는 행자가 상견례를 위해 일주일을 고민해서 산 것이었는데, 이제와서 보니 어울리지 않는 것 같았다.

초인종 너머에서 매끄러운 목소리가 돌아왔다.

"누구라고요?"

문이 열리고 나타난 복자는 단정하게 빗어 올린 머리에 베이지색 실크 원피스 차림이었다. 얇게 발린 립스틱은 곧 외출할 사람처럼 산뜻했다. 잡지에서 걸어 나온 사람처럼 아름다운 모습에서 두통이나 병색은 느껴지지 않았다.

복자가 행자의 젖은 모습을 위아래로 훑어보았다.

"어머 사부인, 어쩌다 비를 다 맞으셨어요?"

복자의 시선은 천천히 행자의 젖은 옷과 신발, 흐트러진 머리를 훑었다. 행자는 겨우 너스레를 떨었다.

"금방 그칠 줄 알았더니……."

"이 날씨에 택시가 앞에서 내려주질 않았어요?"

"제 형편에 택시는 무슨요."

"그래요……일단 좀 닦아요. 감기 걸리시겠어요."

복자가 수건을 내밀며 한 걸음 물러났다. 떨떠름한 기색이 가득한 배려였다. 행자는 보드라운 수건을 받으며 초라한 자신의 행색이 어떻게 보일지 부끄러웠다.

머리를 매만지며 흘낏 본 복자의 집은 아름다운 고급 아파트였다. 윤이 나는 대리석 바닥과 깨끗하게 정렬된 금빛 액자가 한눈에 들어왔다. 대리석 바닥에 비친 자신의 모습이 너무 선명해, 행자는 발걸음을 조심스럽게 옮겼다. 그러나 거실에서 고급 소파를 마주하자 더이상 발걸음이 떨어지지 않았다.

"제가 꼴이 이래서……다음에 뵈면 어떨까요, 사부인? 편찮으시다 들었는데 괜히 실례가 아닌가 해요."

비에 젖지 않았더라도 그 소파에는 앉고 싶지 않았다. 완벽하게 정돈된 소파는 쿠션을 누르면 주름이 생길 것이다. 복자의 집은 물 한 방울, 빗자루 자국 하나도 허용되지 않는 공간이었다. 결벽에 가까운 질서와 청결은 꼭 박물관의 하얀 벽 같았다.

"어머, 무슨 말씀이세요? 저는 손님을 내쫓는 사람이 아니랍니다. 부엌에서 차라도 하고 가세요."

복자는 매끄럽고 익숙하게 예쁜 도자기 주전자에 찻

잎을 넣었다. 그리고 티슈로 잔을 닦고 갈색 찻물을 따라 행자가 앉은 쪽으로 내밀었다. 그 동작은 의식을 치르는 것처럼 정확하고 세련되었다. 행자는 찻잔을 들면서 손을 떨지 않으려고 애썼다.

"불편하세요?"

"집이……정말 깨끗하네요."

"저는 물건이 제자리에 있어야 안심이 돼요. 어질러진 걸 보면 불안해지거든요."

복자의 그 규칙은 행자의 세상과 완벽한 선을 그었다. 행자의 반찬가게는 늘 무언가가 바쁘게 뒤섞여 있었고, 삶의 기름기와 냄새가 배어 있었다. 고춧가루가 날리고, 마늘 냄새가 스며들고, 손님들의 왁자지껄한 소리가 늘 가득했다.

그러나 복자의 세계는, 소리마저 정돈된 침묵이었다. 시간이 멈춘 것 같은 정적이 흘렀다. 행자는 서둘러 뜨거운 차를 마시고 귀퉁이가 젖은 종이봉투를 내밀었다.

"전복죽을 쑤어왔는데 사부인 입맛에 맞으실지 모르겠어요. 그래도 제가 반찬가게를 해서 아주 엉망은 아닐 텐데……."

"바깥일 하신다고 했죠? 힘드시겠어요."

다정한 목소리와 아름다운 미소에는 동정과 우월감이 교묘히 섞여들어 있었다. 행자는 대답할 말을 고르지 못했다. 시장바닥에서 오랜 시간 장사를 하며 사람 대하는 데는 이골이 났다고 생각했는데, 사돈이라고 생각하니 말문이 탁 막히는 듯했다.

집으로 돌아가며, 행자는 겨우 숨을 푹 내쉬었다. 젖은 신발로 버스정류장을 향해 내리막길을 조심조심 내려가며 공연히 투덜거려보기도 했다.

"저 귀부인이 반찬가게 죽을 먹으려나?"

본격적인 결혼식 준비에 들어가자 복자의 존재감은 더욱 커졌다. 예식장은 복자가 정했고, 식장 안 카펫과 꽃의 색깔도 복자가 확인했다. 음식은 하객 수준과 맞지 않는다며 몇 번이나 바뀌었다. 행자는 딸 결혼식의 손님이 된 기분이었다. 장사로 바쁜 그녀는 복자의 선택을 생각해볼 시간도, 대안을 내놓을 취향도 없었다. 그래도 딸이 모든 게 시어머니 마음대로 돌아간다고 푸념할 때는 가서 한마디 하고 싶은 마음이었다.

심지어 신혼집의 방향과 구조도 복자의 원칙에 따라 조율되었다. 아이 방 장판이며 벽지 색 하나까지 따졌다. 결혼식 날, 혼주 한복을 입고 화사하게 웃으며 다가

온 복자는 행자에게 대뜸 물었다.

"아이 방 말이에요. 태어날 아이가 낙서를 하면 금방 도배를 한다 치더라도 한동안 더럽잖아요? 아이 방 벽지는 화이트보다는 그레이가 좋을 것 같아요. 사부인 생각은 어때요?"

행자는 놀라서 대꾸했다.

"제가 벽지는 미처 생각을 못해봤네요. 그래도 우리 손자 손녀 그림이 있어도 저는 좋아요."

복자가 눈썹을 치켜떴다.

"제가 너무 깔끔 떠나요? 사부인이 이해해줘요. 옷매무새든 집이든, 정돈되지 않은 사람은 격이 떨어져 보이는 게 사실이잖아요. 우리 손자를 그렇게 보이게 키울 수 있나요?"

그 말에 행자는 다시금 자신을 들여다보았다. 고급 원단으로 지은 분홍색 치마 한복을 입고 있는 그 순간에도 행자의 장갑 아래, 손톱 밑에는 양념 자국이 있었고 손가락은 습진으로 메말라 있었다.

행자는 일렁이는 속을 꾹 삼켰다. 딸의 행복을 위해서라면 자존심을 꺾는 건 돈 한 푼 들지 않는 쉬운 수고다. 결혼식 내내 가슴 한편이 쓰라렸지만, 예식장 무대 위에 올라선 딸의 환한 웃음을 보자 행자는 스르르 웃었다. 딸만 행복하면 된다.

복자, 그 여자는 그저 남일 뿐이다.

딸의 결혼식 이후 행자가 복자를 다시 만날 일은 없었다. 아이들이 둘이나 태어나는 동안 돌잔치나 생일에 한 번쯤 만날 법한데 한 번도 기회가 없었다. 바쁜 행자에게는 반찬가게를 닫아둘 일이 없으니 다행이고, 또 복자를 만나지 않아도 되니 다행이었다.

딸을 통해서도 복자의 이야기를 더 듣지 못했다. 가끔 시댁 어른들이 어떤지 물어봐도 어깨를 으쓱일 뿐이었다.

"잘 해주시지 뭐. 애들이 집만 안 어지르면 쿨하셔."

덕분에 행자는 복자에 대해 서서히 잊어갈 수 있었다.

그러나 딸의 집 앞 카페에서 다시 들은 복자의 이야기는 행자를 다시 십여 년 전 그날로 끌어당겼다. 비에 젖은 채 강남 아파트에 죽 가방을 들고 들어가, 문을 열어주기를 기다리던 그날로.

3장

딸의 제안

"있지……어머님이 얼마 전까지 요양원에 계셨어."

딸의 말에 행자가 눈을 껌뻑였다. 손에 쥔 따뜻한 유자차에 잠시 현실을 잊고 손자들 볼 생각에 기대가 부풀어있던 참이었다. 그런데 갑자기 사부인 이야기라니, 반찬 하려고 대야에 풀어둔 미나리단에서 개구리가 튀어나온 기분이었다.

"그 좋은 집 두고 왜 요양원에. 어디가 얼마나 아프시다니?"

딸은 곧장 대답을 못하고 행자를 빤히 바라보았다. 마치 대신 말해달라는 듯 보채는 눈길에 행자는 숱한 단어들 속에서 정답을 골라보았다. 칠십대 노인의 요양원 생활에, 암이 아니라면 답은 얼마 없다.

"설마 치매셔?"

딸은 여전히 대답이 없었다. 딸의 변명 대신, 행자의 귓가에 스치는 것은 복자의 목소리였다. 오래된 녹음기가 다시 재생되듯 십 년 전 매끄러운 음색이 되풀이되었다.

'정돈되지 않은 사람은 격이 떨어져 보이는 게 사실이잖아요.'

그 아름답고 정돈된, 격 높은 귀부인이 치매라니.

세월은 이렇게 치밀한 반전으로 찾아오는구나. 행자는 쓴웃음을 지었다. 한때 그렇게 완벽했던 사람이, 자신이 가장 혐오할 만한 병에 걸린 것이다. 날이 갈수록 제 손으로 물건 하나 들지 못하고 날짜며 시간조차, 자신의 이름조차 헷갈리게 된다니.

딸이 마침내 입을 열었다.

"작년부터 조금씩 안 좋긴 하셨어. 처음엔 다들 건망증인 줄 알았는데 급속도로 심해지셨어. 요양원도 잠깐이지, 비용도 너무 비싸고."

"그 집이 무슨 돈 걱정이야?"

"어머님이 워낙 잘 가꾸셔서 그렇지 형편이 넉넉하진

않더라. 아파트라도 정리가 되면 괜찮을 텐데, 영국에 계신 아주버님이랑 아직 얘기가 정리가 안 돼서 다 묶였지 뭐."

딸의 목소리가 점점 작아졌다.

"그래도 요양원 비용은 그간 아주버님이 대주셨고……여름에 퇴원하신 다음부터는 쭉 우리 집이야."

그러니까 행자가 이제 들어가려는 딸 집에 바로 그 여자가 있다는 것이다.

"이게 말이 되니?"

행자의 목소리가 커지자, 카페 사람들이 모녀를 돌아보았다.

"너희 둘이 하루 종일 바깥일 하는데 어떻게 돌보라는 거야? 참 그 집안은 꼴이 웃기다. 아니 너희 애들은 어쩌고? 그럴 거면 차라리 잘난 영국에 모시라고 해라."

"저기……."

딸이 겨우 입을 떼었다.

"엄마가 어머님을 돌봐주면 어때?"

행자는 한숨을 내쉬었다.

"이 얘기 하자고, 나 너희 집에 못 들어가고 여기 있니?"

그 한숨에는 십여 년의 시간과 감정이 맺혀 있었다.

행자의 눈앞엔 여전히 행자네 집의 반짝이는 대리석 바닥과 각진 쿠션이 선명했다. 이제 그 멋들어진 소파와 바닥은 두꺼운 먼지로 뒤덮여있을 것이다. 힘도 기억도 잃은 주인을 기다리면서.

카페 창밖의 갈대가 바람에 휘청거렸다. 갈대들은 인생의 무상함을 떠드는 요란하게 좌우로 몸을 흔들었다. 행자는 가슴 속에서 무언가가 움직이는 것을 느꼈다. 그것은 복수심도, 동정심도 아니었다.

“사부인 상태가……어때? 돌아서면 잊고, 밖에 보내달라 하시니? 아니면 그래도 좀 얌전한 축이니.”

행자의 세계는 집과 반찬가게, 그리고 둘을 포함한 작은 동네가 다였지만 그 안에도 여러 종류의 치매가 있었다. 어떤 치매는 가족들의 삶을 통째로 뒤흔드는 폭풍우 같은 고난이었다. 한편 어떤 치매는 아주 천천히 퍼지는 얕은 독처럼, 안도감에서 절망으로 느리게 진행되기도 했다.

“요양사 말로는 얌전한 편이래. 집 밖에 마음대로 나가시지도 않고 그냥 혼자 방에 잘 있고. 말 투정은 좀 하시지만… 사람한테 함부로 손 올리거나 하지는 않고. 의식은 약간 몽롱하셔."

눈치를 보는 딸을 보며 행자가 혀를 찼다.

"눈치 그만 봐. 언제 엄마가 공짜 밥 먹는 거 봤니? 딸 집에 가더라도 밥값 해야지."

"정말 고마워, 엄마."

고개 숙인 딸을 안쓰럽게 바라보며, 행자는 자신의 입 밖에 나온 말들을 조심스럽게 되뇌어보았다. 밥값을 할 뿐이다. 그렇게 정리하고 나니 뜻밖에 머리가 개운했다. 앨범의 새로운 페이지가 열리듯, 어디선가 용기가 생겼다.

"가보자. 사부인한테 오랜만에 인사드리겠네."

-

타일이 더러운 현관에는 난데없이 세련된 가죽 슬리퍼가 가지런히 놓여 있었다. 한눈에 보아도 고급품이고, 어쩌면 명품이다. 솔기를 꿰맨 매끄러운 박음질이나 잘 알지도 못하는 영어 로고가 왜 이렇게 눈에 걸리는지. 그 슬리퍼는 다른 세계에서 온 것처럼 주변의 평범한 것들과 대조를 이뤘다. 행자는 낡은 지압 운동화 끝으로 슬리퍼를 슬그머니 밀어보았다. 고급 가죽의 부드러운 질감이 느껴졌다. 틀림없는 복자의 신발이다.

여전히 비싸고 좋은 것만 신는 게 사부인답다고 행자는 생각했다.

행자의 딸이 장난감이며 아이들 담요로 어지러운 거실을 제 등으로 감추며 빠르게 손짓했다. 그 모습에는 미안함과 조급함이 섞여 있었다.

"엄마, 이쪽 방에 짐 둬요. 어머님 옆방이야."

행자는 이끄는 대로 들어서서, 빛바랜 장판 위에 옷가방을 내려놓았다. 가방이 바닥에 닿으면서 나는 둔탁한 소리가 유난히 크게 들렸다. 방은 서향이었다. 좁은 창이 하나 나 있고, 한쪽 벽에 납작한 장롱이 숨을 참고 등을 딱 붙인 채 서서 행자를 내려다보았다.

행자는 먼지 한 톨 없는 바닥을 손바닥으로 쓸어보았다. 차가운 장판의 매끄러운 감촉이 손끝에 전해졌다. 그래도 제 엄마가 온다고 바쁜 와중에 쓸고 닦은 모양이었다. 슬며시 웃으며 행자는 치마 밖으로 꽃무늬 덧신 신은 발을 쭉 폈다.

그야말로 작은 노인 하나 발 펴고 눕기 좋은 방이었다. 창문으로 스며드는 오후 햇살이 방 한쪽을 따뜻하게 물들였다. 행자에게 맞는 방이었다.

"작은 평수에 방만 많은 게 이럴 땐 좋네."

딸이 멋쩍어 중얼거렸다. 그 목소리에는 죄송함과 어쩔 수 없음이 섞여 있었다. 행자는 고개만 저었다. 그리고 짧은 침묵을 넘어, 삼키고 삼키던 질문을 내보냈다.

"옆방에 계셔?"

딸이 고개를 끄덕였다.

"의식이 없고 늘 머리가 아프다고 하셔서, 침대에 있어. 달리 해달라시는 것도 없고."

그렇다면 힘든 축은 아닐 것이다. 그런데 딸의 다음 말은 행자에게 심상치 않게 들렸다.

"그런데 엄마를 기억하고 계시더라. 남편이랑 어쩌다 엄마 이야기를 하면 갑자기 흥분하고, 화도 내시고. 같이 지내시기 어떨지 모르겠어."

행자는 씁쓸하게 웃었다. 치매에도 자신을 기억하고 있다니. 그 귀부인이 날 다 기억해준다니! 영광이라 해야 할지도 모른다.

"걱정 마라. 내가 시장에서 숱한 사람들 대했는데 치매 노인 하나 못 다루려고. 그렇다고 내가 사부인 나쁜 짓을 하겠니?"

하지만 행자의 마음은 복잡했다. 평생 자신을 무시하고 깔보았던 복자를 이제 자신이 돌봐야 한다니. 팔자란

게 있다면 행자와 복자는 횡단보도를 가운데 둔 것처럼 양 맞은편에 있을 것이다.

복자는 언제나 할 말 하고, 살 것 사고, 원하는 것을 말했다. 불편한 거라고는 티끌만한 것도 못 견뎠다. '이거 치워 줘요. 맛이 왜 이래요?' 행자는 사돈 특유의 가늘고 미끄러지는 목소리를 떠올렸다. 그 목소리는 찬 바람처럼 행자의 가슴을 스쳐갔다.

참 재수가 없었지.

"어머, 이게 왜 이래… 저기요!"

벽 너머로 전해지는 가냘픈 목소리. 그래, 저 목소리다. 행자는 누눅한 벽지 발린 벽을 바라보았다. 두 여자의 운명을 가르는 경계선은 단단하지만, 의외로 얇을 것이다.

그 건너편에 그녀의 사돈, 복자가 있다.

"만나 볼래?"

조심스러운 딸의 물음에 행자가 고개를 끄덕였다.

4장

두 사돈의 재회

방문 두 개는 벽을 두고 바짝 붙어있었다. 벽 하나가 두 여자를 갈라놓았을 뿐, 밤에는 옆자리에 나란히 누운 거나 마찬가지다.

행자는 조심스럽게 옆방 문을 열었다. 옅은 곰팡이 냄새와 오래된 이불의 퀴퀴한 냄새가 코끝을 스쳤다. 시간이 정체된 공간의 냄새였다.

복자는 낡은 침대 귀퉁이에 앉아 있었다. 창밖의 아침 볕이 희끗한 머리카락 위로 부서져 내리고 있었다. 복자 곁에서는 햇살조차 차갑고 냉혹해보였다.

비스듬히 앉은 노인에게 행자가 기억하던 우아하고 단단한 모습은 온데간데없었다. 원피스나 보석, 화장기

와는 다른 이야기였다. 깔끔하고 품이 넓은 블라우스와 폭 넓은 치마는 여전히 그녀의 멋진 시절을 보여주는 듯했지만, 구부정한 허리는 예전의 복자가 보았다면 질색할만한 몸가짐이었다. 흐트러진 머리카락도 마찬가지였다.

'옷매무새든 집이든, 정돈되지 않은 사람은 격이 떨어져 보이는 게 사실이잖아요.'

그렇게 말하며 저를 쓱 바라보았던 눈빛을 행자는 여전히 기억하고 있었다.

그랬던 복자가 이제 꽃이 시들어가듯 생기를 잃고 있었다. 얼굴이 야위어 눈두덩이가 움푹 꺼져 있었다. 돌아보는 눈빛만이 여전히 날카로웠다. 행자는 잠시 숨을 멈췄다. 시간이란 얼마나 무자비한가.

"……사부인?"

침입자를 발견한 복자의 표정이 천천히 일그러졌다.

"당신이, 왜?"

환자라고 믿기 어려울 정도로 또렷하고 날카로운 목소리였다.

두 사람이 마지막으로 만났을 때와 같았다. 행자는 굳은 채 그녀를 바라보았다. 정말로 나를 알아보는구나.

행자는 천천히 복자에게 다가갔다.

"잘……지내셨어요?"

행자는 가능한 한 태연하게 인사를 하려 마음먹고 있었다. 그러나 정작 앞에 서니 목소리가 제멋대로 떨리기 시작했다.

그러나 아무도 행자의 불안을 눈치채지 못했다.

"나가……!"

복자는 베개를 들어 행자에게 던졌다.

"꼴도 보기 싫어! 나 괴롭히지 마!"

행자는 재빨리 몸을 피했다.

딱딱한 편백나무 베개가 벽에 부딪치며 떨어졌다. 맞았으면 어땠을까. 행자는 아찔해하며 복자를 바라보았다.

"괴롭히는 게 아니에요. 편찮으시다 들어서요."

행자는 천천히 말을 이었다.

"딸이 바빠서 제가……돌봐드리려고 왔어요."

"돌봐? 웃기지 마! 당신이 나를 돌봐? 네 주제에?"

행자의 딸이 급히 달려왔다.

"어머님, 괜찮으세요?"

"난 저 여자 싫다! 당장 내보내! 싫어!"

복자의 소리는 공격받은 동물의 울음처럼 날카롭고 서글펐다.

등 뒤의 기척에 행자가 돌아보니, 손자들이 무서워하며 방문 틈으로 내다보고 있었다. 아이들의 큰 눈에는 두려움과 궁금함이 뒤섞여 있었다.

"얘들아, 할머니 오랜만이지? 뭐 맛있는 거 가져왔나 보자."

행자는 아이들을 데리고 거실로 나왔다.

그녀가 사라지자마자 작은 방에서의 소란은 거짓말처럼 조용해졌다. 행자는 가슴이 답답하게 조여왔다. 문을 닫으면서 뒤돌아본 복자의 모습 때문이었다. 분노에 가득 찬 얼굴 한켠에 사무치는 쓸쓸함은 무엇 때문일까?

-

딸이 복자의 방에서 나온 것은 아이들이 간식을 먹고 제각기 학원에 간 뒤였다. 그 사이 행자는 어지러운 부엌을 정리하고 빨래를 개키고 있었다.

"엄마! 두면 내가 나중에 할게. 일하지 마요."

"나 아직 덜 늙었다. 놀아서 뭐하니? 커피나 타와라."

핀잔을 주며, 행자는 개킨 수건을 옆으로 밀어두었다.

믹스 커피를 두고 거실에서 딸과 마주 앉은 행자는 창

밖을 바라보았다. 오후 햇살이 기울어져 나뭇잎들 사이로 황금빛 실을 짜고 있었다.

이 평화로운 세상 속 한켠에 전쟁 같은 복자의 방이 있다니.

"내 걱정은 하지 마. 그래도 나한테 뭐라고 하진 않으셔. 돌봐줄 사람이 나밖에 없는 걸 아시는지……."

딸의 목소리에는 지친 새의 날갯짓 같은 피로가 배어 있었다. 부쩍 야윈 얼굴에 행자의 속이 타들어갔다.

"어떻게 걱정을 안 하니. 박 서방은 뭐해? 들여라도 보니?"

"애들 아빠가 들어가면 어머님이 버럭 쫓아내. 염치도 없이 왜 고개를 들고 오냐고 그러면서."

"그럼 사부인이랑 얘기하고 수발드는 게 너뿐이라는 거니? 아이고……."

행자는 고개를 내저었다. 아프더니 버릇이 단단히 잘못 든 게 아닌가 싶었다. 딸은 한숨을 푹 쉬며 내일부터는 다시 일을 나가야 하니, 식사 세 끼만 챙겨달라고 부탁했다.

나는 참더라도, 네 시어머니가 내가 주는 밥을 먹을까?

질문이 행자 턱끝까지 밀려 올라왔지만, 울적한 딸의 모습에 그저 고개만 끄덕였다.

그날 밤 행자는 벽 너머로 희미한 신음소리와 중얼거림을 들었다. 깊은 우물에서 올라오는 메아리처럼 단순하지만 섬 한 울림이 밤 내내 계속되었다.

"저 여자는 싫어……싫어……."

행자는 복자의 목소리를 들으며 과거의 기억을 떠올렸다. 그때도 지금도 정말 이해할 수 없는 여자다.

어쩌다 내 인생이 이렇게 됐을까?

아들은 사라지고, 집은 잃고, 이제는 평생 미워했던 사람을 돌봐야 하는 처지. 인생이 이렇게 예측할 수 없다.

바다 위의 배처럼 어디로 가는지도 모른 채 떠다니는 기분에 뒤척이다, 복자는 새벽녘이 되어서야 겨우 잠이 들었다.

5장

두 여자의 싸움

창살 사이로 스며든 햇볕이 마루 위에 금빛 줄무늬를 그렸다. 행자는 따스한 빛의 파편들을 바라보며 국자를 느리게 저었다. 빛보다 더 노랗고 묵직한 호박죽이 냄비 안에서 몽글몽글하게 끓고 있었다.

어제 느지막이 찾은 동네 시장에는 괜찮은 가게가 많았다. 행자는 간만에 들떠서 이것저것 사 보았다. 그중에 눈에 들어온 것이 작고 납작한 늙은호박이었다. 늙은호박이니 아무리 작아도 꽤 묵직해서, 핸드카트를 들고 오지 않았다면 행자 혼자 집까지 가져오지 못했을 것이다.

아이들 어릴 때 장을 보면, 무거운 짐은 늘 아들이 나서서 들어주고 딸은 반찬가게 사장이 무슨 음식을 새로 해주려고 장을 봐왔냐며 잔소리를 했지. 호박을 갈라서 씨를 파내는 동안, 행자는 옛 시간에 잠시 잠겨 있었다. 여전히 아들의 연락은 없었다.

"휴!"

행자는 가슴 깊은 곳에서 올라오는 한숨을 삼켰다. 하지만 이제는 마음을 다잡을 때였다. 문제는 세상 어딘가의 아들이 아닌, 옆방의 복자다.

어제 밤새 벽을 넘어 들려온 복자의 울음소리는 여전히 깨진 유리컵처럼 행자의 마음을 베고 있었다.

행자는 잘 풀어진 호박죽을 밥그릇에 담고 잣 몇 알을 뿌렸다. 뿌리고 보니, 저를 푸대접한 노인네에게 너무 호사스런 대접을 하는 게 아닌가 싶어 쓴웃음이 나기도 했다.

죽이 담긴 쟁반을 들고 연 복자의 방은 시간이 멈춘 듯했다. 복자는 일어나 창가에 등을 기대고 있었다. 외로운 새 한 마리가 둥지를 잃고 가지 끝에 앉아 있는 것처럼 아슬아슬하게 침대 끝에 걸터앉은 모습에 행자는 괜히 안타까웠다.

그때 복자가 고개를 돌렸다. 두 눈은 벼린 칼처럼 날

카로움과 경계로 가득했다.

행자는 태연스러운 척 물었다.

"사부인, 잘 주무셨어요?"

복자는 불청객의 손에 든 그릇을 보자마자 쏘아붙였다.

"치워! 당신 손이 닿은 건 입도 안 댈 거야."

목소리는 지극히 차가웠지만, 떨림까지 숨길 수 없었다. 하찮게 보던 여자에게 느끼는 모멸감과 수치심으로 아픈 것일까, 아니면 자존심 안에 웅크린 두려움일까.

두 사람이 말없이 서로를 바라보는 와중에도 푹 익은 호박의 달콤한 향기가 방을 감돌았다. 가을 들판의 따스한 기억을 불러일으키듯, 정겨운 냄새였다.

"사부인, 우리 딸이 호박죽 해주던가요?"

"저리 가라니까!"

복자는 고개를 홱 돌렸지만, 행자는 잠시 머문 눈치지 않았다. 호박죽 맛을 아는 사람이 호박죽 냄새를 참을 수 있을까. 굶주린 아이가 음식 앞에서 보이는 본능적인 반응과도 같다.

"사부인, 제가 미워도 식사는 해야죠."

"당신이 뭔데 내 걱정을 해?"

"뭐긴요, 사돈 아닌가요."

"꼴 보기 싫다고 했잖아!"

복자의 목소리는 점점 높아졌지만, 분노보다는 비명에 가까웠다. 행자는 거친 목소리가 눈앞의 자신을 향한 것이 아님을 어렴풋이 느낄 수 있었다. 그렇다면, 겨눌 곳은 복자 자신뿐이다.

뾰족한 칼끝을 스스로를 향해 겨누는 심정은 어떨까.

과거의 상처들이 시든 꽃잎처럼 하나둘 떨어져나오며 아픔이 흐르는 것이다.

"사부인……"

그때 복자가 탁상에 있던 물컵을 던졌다.

컵은 정확히 행자를 겨냥했고, 공중에서 은빛 호를 그리며 날아가 행자 어깨에 부딪혔다. 플라스틱 컵이었지만 행자를 주춤하게 하기엔 충분했다. 넘어졌다면, 뜨거운 호박죽을 팔뚝에 뒤집어썼을 것이다.

행자는 겨우 중심을 잡고 섰다. 정신 차려보니 옷이며 방바닥이 물로 흥건했다.

"사부인!"

행자가 소리쳤다. 옷에서 떨어진 물방울이 바닥에 작은 얼룩을 만들었다. 그간의 시간이 뚝뚝 떨어지는 듯 같았다.

망연히 죽그릇을 든 행자를 보며, 복자가 깔깔거리며 웃었다.

"하하, 기분 좋다! 내가 뭐랬어?"

행자는 가슴이 타는 듯 열이 올랐다.

"이 봐요, 사부인. 아무리 그래도 그렇지 이건!"

"뭐, 때릴 거야? 어서 때려봐! 그래야 당신 본성이 나올 테니!"

복자의 도발적인 목소리에는 묘한 기대감이 있었다.

행자는 주먹을 쥐었다 폈다. 한 번 본때를 보여줘? 귀하게 산 여자가 감히 나에게 시비를 걸어? 손가락 끝이 하얗게 질릴 만큼 주먹을 세게 쥔 순간, 딸이 문을 열었다. 출근 준비 중에 소란을 듣고 달려온 것이다.

"무슨 일이에요?"

"얘, 네 어머니가 나를 때리려고 한다!"

복자가 갑자기 가느다란 목소리를 내며 애처롭게 소리쳤다. 너무나 자연스러우니 화가 나지도 않았다. 행자는 말없이 돌아 방을 나왔다.

곧장 따라나온 딸에게 행자는 중얼거렸다.

"미안하다. 엄마가 부족했나 보다."

"아니에요, 엄마. 부족은 무슨……계셔주시는 것만으로도 감사하죠."

딸은 서둘러 대답했지만, 둘을 두고 출근해야 한다는 불안감을 지우지는 못했다.

두터운 점퍼를 입은 사위가 한 마디 거들었다.

"신경 쓰지 마세요, 장모님. 저희 어머니가 치매라는 거 잊지 마세요. 아들도 나가라고 하는 분인데요."

사위의 씁쓸한 웃음을 보며 행자는 고개를 끄덕였다.

"내가 그래도 자네 어머니 밥은 안 굶게 어떻게든 해볼게."

그러나 행자는 그날 그 약속을 지키지 못했다.

-

며칠이 흘러도 집 안의 공기는 무거웠다. 봄비가 떨어지는 날에도, 가을 하늘이 푸른 천처럼 펼쳐진 날에도, 두 여자 사이의 거리는 여전했다. 복자는 행자가 가져다주는 모든 것을 거부했다. 음식도, 약도, 돌봄마저도.

복자는 그동안 행자가 보았거나 들었던 치매 노인들과 다소 달랐다. 중얼중얼 헛소리를 하지도, 냅다 맥락 없는 소리를 지르지도 않았다. 성질이 불같아서 그렇지 의사 표현도 확실했으며 화장실도 혼자 쓸 수 있었다.

다만 무엇 때문인지 혼자 밥을 챙기지는 못하는 모양이었다.

그런데도 복자는 행자의 밥을 먹지 않았다. 끝끝내 굶었다가, 딸이 돌아오면 닦달해서 겨우 한 끼 먹었다. 처음에 행자는 복자에게 밥을 못 먹인 게 마음에 쓰여 딸에게 미안했지만, 일주일 넘게 같은 상황이 반복되니 딸을 고생시키는 행자에게 분노가 치밀었다. 치매에 걸려서도 시어머니 짓을 하니, 정신이 멀쩡했을 때는 얼마나 심했을까?

행자는 딸의 수고라도 조금 덜어주려고 집안일을 하고 아이들 먹을 반찬을 살뜰히 마련해주는 것으로 약속을 대신했다. 그러는 동안 복자는 내내 자기 방에 들어앉아서, 기척도 내지 않고 숨죽인 채 머물러 있었다. 그 큰 집에 살던 여자가 화장실 갈 때 빼곤 관짝 같은 방 안에 가만히 있다는 게 행자는 신기했다.

그러던 어느 날, 복자의 목소리가 새벽의 정적을 깨뜨렸다. 목소리는 벽이 아닌 문을 통해 들려왔다.

"얘! 배고파서 굶어 죽겠다!"

독이 오른 시퍼런 목소리에 행자는 벌떡 일어났다. 새벽 2시가 다 되어가는 시간이었다.

복자구나. 행자는 소리를 따라 부엌으로 나갔다. 예상대로 식탁 의자 앞에 복자가 앉아 있었다.

"얘, 밥을 언제 주려고 그러니?"

새침한 목소리는 평소의 복자와도 또 달랐다. 저 여자가 미쳤나? 놀라 바라보던 행자는 곧 그녀가 자신을 알아보지 못함을 깨달았다.

"……그래요, 기다려봐요."

냉장고 문을 열어도 마른 반찬뿐이라, 행자는 식은밥에 계란을 넣어 죽을 끓이기로 했다.

가스레인지에 불을 켜자, 파란 불꽃이 어둠 속에서 홀로 춤을 췄다. 행자가 조용히 죽을 끓이는 동안, 밖에서 밤바람이 나뭇가지를 흔들었다. 나뭇잎이 서로 부딪히는 소리를 들으며, 행자는 시간을 헤아려보았다. 벌써 열흘이나 되었다. 이 집에 들어온지 열흘 만에 겨우 깊은 밤 사돈끼리 부엌에서 마주 보게 된 것이다.

행자는 따뜻한 죽그릇을 복자 앞에 밀어놓고, 복자 맞은편에 앉았다.

"드셔요."

그 말에 복자는 숟가락을 들어 죽을 맛보았다. 그리고 별안간 그릇을 집어들어 바닥에 홱 내던졌다.

도자기가 깨지는 소리가 고요한 밤을 날카롭게 찢었다. 하얀 죽과 도자기 파편들이 부엌 바닥에 달빛처럼 흩어졌다.

누가 잠을 깼으려나? 행자는 아이들방과 안방을 둘러보았다. 한참 적막한 와중에 복자만 행자를 노려보고 있었다. 행자는 그녀의 눈길을 피하며 조용히 걸레를 찾아왔다. 그리고 무릎을 꿇고 바닥을 닦기 시작했다. 손에 닿은 죽은 갓 끓인 듯 뜨거웠다.

복자가 웃음을 터뜨렸다.

"꼴 좋다! 그래, 당신 자리가 거기야."

비웃음 소리가 벼락처럼 등 뒤에 떨어지자 행자는 더 이상 참을 수 없었다. 걸레를 쥔 손에서 핏줄이 불거졌다. 저 여자가 치매든 아니든 무슨 상관이야, 속으로 중얼거리며 행자는 그녀는 식탁에 앉은 사돈을 홱 돌아보았다.

"사부인! 너무하시네요. 제가 뭘 잘못했다고 이래요?"

"몰라?"

"배고프대서 죽 끓여준 죄밖에 더 있어요?"

"당신이 뭘 잘못했는지 정말 몰라?"

그 순간 복자의 얼굴에는 치매 환자가 아닌, 오랫동안

한을 품어온 한 여자의 절망이 있었다.

"내 아들을 빼앗아 갔잖아! 그리고 이제 내 며느리랑 손자까지 빼앗아 가려고 왔잖아!"

"네……?"

행자는 놀라서 복자를 빤히 바라보았다. 복자는 여전히 눈을 부릅뜬 채로 소리쳤다. 아들과 딸, 두 손자가 모두 잠을 깨어 방 밖으로 나올 때까지 멈추지 않았다.

"못 줘, 아무것도 못 준다고! 못 줘!"

6장

두 어머니의 이야기

행자는 방으로 돌아와서도 뜬 눈이었다. 밤이 깊어갈수록 복자의 울음은 처절해지는 탓이었다. 눈을 감아도 답답할 뿐이라, 천장을 바라보며 소리가 끊기기만을 기다리는 수밖에 없었다. 창밖에는 여전히 새벽바람이 나무들을 잡고 거칠게 흔들고 있었다. 바람 소리와 바스락거리는 소리가 울음소리와 섞여, 행자는 베개로 귀를 틀어막았다.

울음소리는 새벽 중간에 그쳤다. 하지만 그 여운은 집 안에 깊이 스며들었는지 그날 아침은 여느 때보다도 어두웠다. 뜬눈으로 밤을 샌 행자는 창문을 열어 차가운 공기를 집 안에 들였다. 거실과 부엌, 행자 자신의 방까지 공기가 빙그르르 돌아 묵은 감정들을 걷어냈다.

얕은 어둠 속에서, 행자는 복자의 방문을 살며시 밀었다. 보이지 않는 먼지들이 살며시 쓸려나가는 소리가 들리는 듯했다. 기억과 눈물의 조각처럼 공중에 떠다닐 복자의 슬픔이 찬 공기를 타고 걷혀나간다면 얼마나 좋을까. 행자는 겨우 잠든 복자가 깰까 봐 숨죽여 투덜거렸다.

"어휴, 먼지 봐……."

그날 아침, 부부에게 밥상을 내주며 행자는 슬쩍 물었다.

"사부인이 결혼할 때 많이 속상해하셨니? 귀하게 키운 아들 보내기 아까우시다구?"

사위는 영문을 모르겠다는 표정이었다.

"저희 어머니가요? 그런 분은 아니셨어요. 오히려 남은 아들 치워서 다행이라고 하셨죠. 이 사람한테는 저 데리고 가서 어디다 쓰려고 하냐고 물으시던걸요. 제가 이렇게 망할 줄 미리 아셨던 건지……."

젓가락으로 반찬을 집던 딸이 민망해하며 중얼거렸다.

"내가 그랬잖아, 엄마. 쿨한 시어머니라구. 명절 때나 어머님 생일 때도 일 바쁘면 찾아올 필요 없다고 하시고, 점잖고 우아하게 하고 싶은 말 다 하는 성격이셨어."

그렇다면 복자의 그 우아함은 대체 어디로 간 걸까? 딸 부부는 손자 손녀들을 깨워 밥을 먹이고 학교 갈 준비를 시키는 동안, 행자는 닫힌 방문을 바라보며 생각에 잠겼다. 치매가 확실하게 빼앗아 가버린 게 있다면, 그것은 복자의 집이나 재산이 아닌 복자의 우아함인 듯했다.

행자에게 복자는 그때나 지금이나 무섭게 사납고, 무섭게 깔끔한 여자였다. 하지만 예전에는 분명, 그 성격을 덮은 예쁘장한 보자기가 있었다. 품격 있는 말투나 틈을 허용하지 않는 날카로운 눈빛이 그랬다.

젊고 어린 사람들이 모두 떠난 집에서 복자는 차를 마시며 어제의 목소리를 다시 생각했다.

'내 아들을 빼앗아 갔잖아! 그리고 이제 내 며느리랑 손자까지 빼앗아 가려고 왔잖아!'

내가 남의 아들을 빼앗아 갈 만한 사람으로 보이나? 행자는 씁쓸히 웃었다. 있는 아들도 단속을 못해 나와 사는 여자에게는 과분한 평이다.

무엇이 그렇게 서러울까?

한편으로 행자는 울렁이는 마음을 단호하게 잠재웠다.

서러워 해봤자 치매 환자의 이야기다. 아침 먹고 돌아서서 다시 아침을 굶겼다고 우는 게 치매 환자라고 하지 않던가. 정신이 온전치 않은 사람을 어떻게 이해한단 말인가?

청소기를 돌리며 행자는 복잡한 머릿속에 소음을 가득 채웠다. 부부에 아이까지 넷이 살던 집에서 방 두 개를 노인들에게 내어준 탓일까. 거실이며 방이며, 현관까지 짐 상자로 가득해 청소라 할 것도 없었다. 청소기는 금방 복자의 방문 앞에 다다랐다.

행자는 조심스럽게 문을 두드려보았다.

"사부인. 저 들어가요?"

대답은 없었다. 잠시후 행자는 천천히 문을 열었다. 늘 그렇듯 침대에 걸터앉아 창문으로 고개를 돌리고 있겠지 싶었는데, 뜻밖에도 복자는 이불 속에 있었다. 이불속에 들어가 침대 위에 몸을 둥그렇게 만 모습에 행자는 웃음을 참아야 했다. 내가 보기 싫구나.

"주무셔요?"

역시 묵묵부답이었다. 행자는 조용히 문을 닫아주었다.

며칠 후. 또 한 번의 작은 전쟁이 일어났다.

행자는 그날 아침부터 마음이 초조했다. 한동안 복자가 못이기는 척 행자가 내오는 밥을 먹고, 별달리 말도 걸지 않아 이제 한 시름 놓은 찰나에 딸이 쩔쩔매며 부탁을 해오는 것이다.

"혹시……어머님 씻겨주실 수 있을까? 내가 어제 퇴근하고 목욕시켜드렸어야 했는데 피곤해서 깜빡하고, 오늘도 늦을 것 같아서."

"얘, 뭘 그렇게 어렵게 얘기하니? 다 같은 여자다."

출근하는 딸 앞에서는 아무렇지 않은 듯 굴었지만, 부탁을 듣는 순간 행자는 가슴이 내려앉는 듯했다. 또 다른 고비였다. 과연 복자가 자기 몸에 손을 대도록 내버려 둘까? 어떻게 저 비위를 맞춘담?

행자는 고민 끝에 복자가 아침을 다 먹길 기다렸다가, 쟁반을 치우고 홍차를 한 잔 우려서 내놓았다. 복자의 집에 있던 것만큼 예쁜 찻잔은 없었고 마땅한 찻입도 없어 티백이 전부였지만, 복자는 놀란 눈치였다.

"뭐야?"

"사부인 홍차 좋아하시지 않으세요?"

복자는 조용히 찻잔을 들었다. 침대에 걸터앉은 채 좁은 테이블을 앞에 두고 차를 홀짝이는 모습을 보니, 행색은 달라도 예전의 고상한 태가 났다.

행자는 어쩐지 기분이 울렁거렸다. 두 사람이 처음 만난 날, 비에 젖은 블라우스 차림으로 차를 얻어마셨던 날이 떠오른 탓이었다.

"예전에 저한테 차를 내주셨는데 기억나세요, 사부인?"

대답 없이 복자는 차만 마셨다. 행자는 그녀를 보며 저도 모르게 말을 계속해나갔다.

"그날……제가 참 초라했죠. 사부인은 참 아름다우셨는데. 그날만의 일은 아니지만요. 상견례 때도, 결혼식에도……네, 정말 아름답고 우아하셨어요."

그 뒤로 십 년간 아무 연락도 만남도 없다, 이렇게 작은 아파트 방 한 켠에서 만나게 될 줄이야. 행자는 쓰게 웃었다. 그리고 어느새 복자가 그런 행자를 바라보고 있었다.

"다 드셨어요? 그럼 조금 있다 모시러 올게요."

"뭐?"

찻잔을 쥔 손이 파르르 떨렸다. 행자가 복자의 손에서 찻잔을 떼어 테이블 위에 올려놓았다. 그리고 천천히 설명했다.

"어제 못 씻으셨잖아요. 같이 씻어요."

"싫어."

복자가 중얼거렸다. 행자를 돌아보는 눈에는 당혹감이 가득했다. 행자는 입을 앙다물었다. 쉽지 않을 거라고는 생각했지만 이런 표정은 또 처음이다.

"괜찮으셔요?"

"만지지 마!"

복자가 행자의 내민 손을 거칠게 뿌리쳤다. 그 참에 테이블 위 찻잔이 흔들리고 안에 잔잔한 파문이 일었다. 마음속 폭풍처럼 흔들리던 찻물이 잦아들때쯤, 복자가 말했다.

"내가, 당신한테 몸을 왜 맡겨?"

복자의 얼굴은 불안과 분노, 그리고 수치심으로 붉어져 있었다.

"딸이 바쁘니 어쩔 수 없잖아요. 이해해주세요."

"싫어!"

복자가 울음을 터뜨렸다. 그 울음소리는 방 안의 모든 것—오래된 벽지, 낡은 서랍, 찻잔에까지 모두 전해지는 듯했다. 그리고 행자에게도. 행자는 눈물을 흘리는 눈앞의 노인, 한때는 우아한 사모님이었던 복자를 잠자코 바라보았다.

“예전에는 내가 당신보다 예뻤는데, 지금은…….”

복자의 저항은 마지막 자존심이었다. 한때 곧고 당당했던 자신의 잔해를 마주해야 하는 슬픔이었다.

행자는 생각했다. 이 여자의 마음을 다 알 수는 없지만……우리는 둘 다에게 서로 너무 힘겨운 사람이구나.

서로 다른 시간을 보냈고 이해하기에는 너무나 작은 인연이지만 그래도 이렇게 팽개치지 않고 바라볼 수 있는 것은, 복자가 시간을 흘려보낸 기분을 어렴풋이 알기 때문이었다. 아이들을 낳아 기르고 혼자의 시간을 버텨낸 쉽지 않은 날들이 복자와 행자, 둘 모두에게 있다.

“사부인, 저는 그냥 아픈 사부인을 돌보고 있는 거예요. 저도 늙어가는 여자고, 사부인도 마찬가지에요.”

“창피해, 너무 창피해……이렇게 늙은 몸을…….”

복자의 목소리가 점점 줄어들었다.

행자는 그녀의 손을 천천히 감싸 쥐었다. 복자의 힘없는 손은 오래된 편지 같았다. 주름진 종이 위에 겹겹이 쌓인 세월의 이야기를 가늠해보듯, 행자는 손에 힘을 주었다.

"사부인, 지금도 저는 똑같이 보여요. 그냥 사부인은 사부인이에요."

잠시 후 복자가 말없이 고개를 끄덕였다.

-

욕조에 따뜻한 물이 가득 차자, 행자는 복자를 욕실 안으로 이끌었다. 겁먹은 듯 주춤거리는 복자에게 행자가 설명했다.

"탕에는 안 들어가요. 가을이라 추운데 이렇게 물을 받아놓으면 한결 낫잖아요."

옷을 벗기려 하자 행자가 몸을 움츠렸다. 그러면서 조심스럽게 중얼거렸다.

"천천히 해……아프게 하지 말고."

행자는 곧 그 말의 뜻을 알 수 있었다. 복자의 몸은 생각보다 훨씬 야위어 있었다. 종이처럼 얇은 피부, 오래된 멍 자국. 요양병원에서 혼자 지내던 시간의 흔적이 아직 지워지지 않은 것이다.

"네, 조심할게요."

행자는 수건에 따뜻한 물을 듬뿍 적셔 마른 몸을 닦았다. 물수건의 김과 화장실을 가득 채운 따뜻한 공기에, 행자는 소매를 걷고 이마에 땀을 훔쳤다.

그 손길 아래서 복자가 한숨을 내쉬었다.

"따뜻하네……고마워."

열중하던 행자가 고개를 들었다.

"네?"

"아냐."

하지만 행자는 느낄 수 있었다. 따뜻한 김과 물기, 그리고 자신의 손길 속에서 복자의 경계가 아주 조금 풀리고 있다는 것을. 그것은 미약하지만 분명한 움직임이었다. 닫혀 있던 마음의 문틈 사이로, 오래 눌려 있던 진실의 조각 하나가 조용히 제자리를 찾아가고 있었다.

행자는 수건을 욕조 속 따뜻한 물에 푹 적시며, 자신도 모르게 숨을 고르게 내쉬었다. 부담스러웠던 부탁으로 만든 시간이, 복자의 몸을 닦아주는 것을 넘어, 두 사람 각자가 보내온 시간을 어루만지는 듯했다. 복자의 한숨은 아직 무거웠지만, 그 속의 온기가 오래된 그림자에 작은 균열을 내고 있었다.

7장

두 개의 시계

복자의 상태는 안정된 듯하면서도 일순간 돌변했다. 한동안은 치매를 앓고 있다고 믿기 어려울 정도로 의식이 명료해서, 행자는 그녀가 낫고 있는 것은 아닌가 했다. 그런데 또 어느 날에는 낯선 사람을 보듯이 행자와 딸을 보거나, 옛일을 꺼내며 감정이 북받쳐 눈물을 흘리거나 화를 씨근거리기도 했다.

행자는 점점 복자의 여러 가지 모습에 대해 익숙해졌다. 이야기 조각들은 사돈을 이해하는데 많은 도움이 되었다. 부유했지만 행복하지 않았던 결혼생활, 늦은 이혼, 무심한 첫아들과의 일화. 조각들을 맞추다 보면 그녀의 날이 선 말투도 무던히 받아들여졌다.

그러나 항상 가슴을 철렁 내려앉게 하는 것은, 창밖을 멍하니 바라보는 빈 눈동자였다.

오늘도 복자는 창밖을 멍하니 바라보고 있었다. 행자는 조심스럽게 곁으로 가 말을 걸었다.

“사부인, 아침 들어요.”

“나, 입맛이 없네.”

말투는 어제와 또 달랐다. 잘 드는 칼처럼 뾰족했던 목소리는 어느새 기운이 빠져 있었다. 어딘가 부서진 것처럼 공허한 울림이었다.

“조금만이라도 드셔요. 혈압약 드셔야죠.”

긴 침묵이 흐른 뒤, 복자가 천천히 고개를 돌렸다.

주름진 눈가는 벌겋게 부어 있었다. 밤새 눈물을 흘린 흔적이 세월처럼 고여 있는 모습을 보고 행자는 눈살을 찌푸렸다. 그때 복자가 물었다.

“당신도 나 싫지 않아?”

행자는 순간 말을 잃었다. 개의치 않고, 복자가 그녀를 빤히 보며 중얼거렸다.

“나도 알아. 내가 얼마나 못된 늙은이인지. 그런데 어쩌겠어, 자꾸 화가 나는 걸……하지만 싫은걸.”

“무엇이 싫으세요?”

"당신이 싫어."

복자가 쏘아붙였다.

"당신 딸이 우리 며느리한테 이상한 생각을 심어줬어, 그래서 내 아들이 바뀌었고……아들이 날 무시해!"

복자의 목소리에는 깊은 상처가 배어 있었다. 하지만 그 이야기는 모두 복자의 머릿속에서 현실을 마음대로 짜맞춰 낸 것이었다. 행자는 해명하고 싶었다. 사부인, 틀렸어요. 제 딸이 사부인 며느리고, 둘은 같은 사람이에요. 아드님은 사부인을 무시하지 않아요.

하지만 틀린 말을 정정하는 게 무슨 소용일까? 바람에 시든 나뭇가지가 바스락거리는 듯한 불만은 무력한 고통을 담고 있었다. 아픈 사람에게 사실은 아무런 의미도 없다.

행자는 그녀의 곁에 바짝 앉았다.

"사부인, 너무 속상해하지 말아요. 자식들이야 다 변하죠. 다 그래요."

"다 그렇다고? 내가 키운 아들이 그러는 게 다 그러는 것과 같아?"

복자의 목소리가 떨렸다.

"내가 그 애를 위해 얼마나 희생했는데……그 힘든 시

간 애들 보며 참았는데…….”

갑자기 복자가 울기 시작했다. 깊고 깊은 슬픔이었다.

“내 아들이, 내 아들이 이젠 날 귀찮아하는 게, 그렇게 당연한 일이야?”

복자의 울음이 절절해지는 만큼 행자의 마음도 함께 젖어 들었다. 바쁘니 굳이 오지 말라는 말 속에, 그리고 그 앞과 뒤에 얼마나 많은 생각과 마음이 있었는지 행자는 알았다. 그녀 또한 그랬으므로.

“나, 당신이 부러웠어… 당신 딸은 그렇게 착한데…… 우리 며느리는 내 아들을 빼앗아가……그래서 미워…….”

아무것도 빼앗기지 않겠다는 절규 속 숨어 있던 외로움과 질투를 이제야 알 것 같았다.

“내가 무엇을 잘못했을까?”

복자의 말은 허공을 맴돌다 창문 틈으로 스며들 듯 사라졌다. 행자는 조용히 침대 옆 의자에 앉았다. 의자 등받이가 삐걱이는 소리마저도 조심스러웠다.

행자는 아침상을 차려 방으로 돌아왔다. 한동안 부엌과 거실을 돌아다니던 복자는 얼마 전부터 방에 틀어박혀 나오지 않고 있었다.

"식사부터 해요."

복자는 조심스레 쟁반에서 수저를 집어들었다. 그러나 몇 숟가락 먹다 말고는 내려놓았다.

"모래알 같아서 못 먹겠어."

"드시고 싶은 거 있어요?"

복자는 한참을 생각하다가 창밖으로 시선을 던지며 중얼거렸다.

"미역국. 어릴 때……아플 때 엄마가 끓여주시던 미역국. 미역 조금에 참기름 두 방울, 간도 소금으로만. 맛있는 것 많이 먹고 자랐는데 그게 유독 그리워."

행자는 주저 없이 일어나 부엌으로 갔다. 그리고 고요한 주방을 뒤적여 미역을 찾았다. 미역을 미지근한 물에 넣고 불리는 동안 그녀는 복자를 잠시 혼자 두었다. 부엌에 선 채로 행자는 생각했다.

복자의 잘못과 잘못이 아닌 일들을.

하지만 어떤 일이 있었더라 하더라도, 복자가 어떤 사람이더라도 미역국 한 그릇 정도는 먹게 해주고 싶었다.

미역이 불자 손이 빨라졌다. 물이 끓고, 냄비에 참기름 향이 퍼지는 동안 행자의 모든 손길이 복자의 목소리를 중심으로 조심스레 빚어졌다.

행자는 나무 주걱으로 미역국을 저으며, 복자의 어머니를 생각했다. 그리고 한편으로 오래전 세상을 떠난 행자 자신의 어머니에 대해서도 생각했다. 우리 모두 어머니지만, 어머니이기 이전에 우리의 어머니가 있었네. 행자는 어머니의 임종을 보지 못했다. 반나절 후 도착해 병원 침대 위에 누운 싸늘한 몸을 마주했다. 그것이 벌써 이십년 전의 일이다.

행자는 부엌에 서서 조용히 불러보았다.

"엄마."

-

복자는 따뜻한 미역국 그릇을 받아들었다. 국그릇을 바라보는 천천히 눈시울이 붉어졌다.

"우리 엄마 생각이 나네."

한 숟가락을 입안에 떠 넣은 순간, 복자의 얼굴에 잔잔한 빛이 떠올랐다. 오래된 촛불이 바람에 꺼져가다가 다시 살아나는 것 같은 작지만 명료한 빛이었다.

주름진 볼 위로 희미한 홍조가 번지고, 움푹 들어간 눈가에는 잠시 젊은 시절의 그림자가 스쳐 지나갔다. 그 순간 방안의 모든 것들, 낡은 옷장, 먼지 쌓인 액자들까지도 함께 미소짓는 것 같았다. 창가의 화분 속 꽃들은 물을 주지 않아 고개를 떨군 채 잎사귀 끝이 바삭하게 마르고 있었지만, 그 순간만큼은 생기를 되찾은 듯했다.

"정말 오랜만에 맛있는 걸 먹는 것 같아."

복자의 목소리는 떨렸다. 그릇을 든 손도 가늘게 떨렸는데, 그 손등에는 검은 반점들이 별자리처럼 박혀 있었다.

복자는 미역국을 거의 다 비워냈다. 마지막 한 숟가락까지 소중히 떠먹는 모습에 행자의 마음이 일렁였다. 그동안 복자를 보며 종종 알 수 없는 마음에 속이 철렁 내려앉거나 속이 울렁거렸다면, 오늘은 속에서 꿈틀거리는 감정의 이름을 알 것 같았다. 이해였다.

"사부인 어머님은 어떤 분이셨어요?"

그 말에 복자가 잠시 눈을 감았다. 그 눈꺼풀은 얇은 종이처럼 핏줄이 비쳐 보였고, 속눈썹은 거의 다 빠져 몇 가닥만 남아 있었다.

"우리 엄마, 착했지. 아무 말 없이 참고 살았어."

복자의 목소리는 더욱 작아졌다. 그 기억들이 너무 무거워 목소리마저 짓누르는 것 같았다.

"예전엔 우리 아버지도 좋은 분이셨지. 할아버지 사업을 이어받으려고 정말 열심히 살았거든. 새벽부터 밤늦게까지 가게에 나가 장사를 배우고, 집에 돌아와서도 장부를 들여다보며 공부했지. 그때 아버지는 엄마를 정말 잘 대했어. 맛있는게 있으면 가져다주고, 엄마가 조금이라도 아프면 약방에 달려가서 약을 사다 달이기도 했고. 그런 아버지를 보며 엄마는 행복하셨는데."

복자는 잠시 멈춘 채 먼 곳을 바라보았다.

"하지만 할아버지가 돌아가시니 말이야, 아버지는 갑자기 장사는 뒷전이 되고 기생집을 드나들기 시작했지. 급기야 매일 밤 낯선 여자를 집에 데리고 들어오지 뭐야. 그 여인들이 지나가면 분 냄새를 좁은 방문 틈새로도 맡을 수 있었어. 이불 속에 몸을 웅크린 채 그 낯선 발소리가 멀어지기를 기다렸지."

느릿한 목소리는 원망과 슬픔을 남아 천천히 지난 시간을 읽어나갔다. 행자는 어린 복자의 모습을 그려볼 수 있었다. 얇은 이불 속에서 무릎을 가슴에 끌어안고 떨고 있는 작은 몸. 바깥에서 들리는 낯선 여자의 웃음소리와 아버지의 술 취한 목소리. 그 사이를 비집고 들어오는 낯선 냄새.

한때는 따뜻하게 안아주던 아버지가 무서운 존재가 되어버린 것이다. 예전에는 복자가 열이 나면 손바닥으로 이마를 만져주고, 겨울밤에는 따뜻한 이불을 덮어주던 그 손이 한순간 변해버린 것이다.

"그러니 우리 엄마가 얼마나 힘들었겠어. 한때는 자상했던 남편이 가정도 돌보지 않고 가게 일도 뒷전이라 할아버지가 평생 일궈놓은 것들이 하나씩 무너져 내렸지. 그래도 엄마는 한 번도 큰 소리 못 냈어. 그저 더 조용히, 더 작아지기만 하고.

엄마는 그냥 고개 숙이고 있었어. 어두운 방 한구석, 낡은 손재봉틀 앞에 앉아 희미한 호롱불 아래서 밤늦도록 웅크려 앉아 손잡이만 돌렸어."

복자는 눈앞에서 어머니를 직접 바라보듯 또렷하게 말했다. 어머니의 굽은 등, 호롱불의 노란 빛이 만드는 긴 그림자, 그리고 끝없이 돌아가는 손잡이. 한때는 늦게 들어온 딸에게 따뜻한 밥상을 차려주며 기다렸던 그 자리에서, 이제는 남편이 다른 여자와 함께 웃고 있는 동안, 침묵 속에서 바늘과 실로 가족의 생계를 이어가고 있었던 것이다.

"삐걱거리는 손잡이 소리와 함께 천 조각들이 사각거리는 소리가 기억나……."

복자의 어머니는 입 밖에 낼 수 없었던 분노와 슬픔을

재봉틀 손잡이에 쏟아내며 견뎌내고 있었던 것이다.

“우리 엄마 손은 늘 바늘에 찔려 피가 맺혀 있었지만, 한 번도 아프다는 소리를 내지 않았어. 아버지를 향해 눈길 한 번 주지 않고, 그저 손재봉틀에만 매달렸지…….”

행자는 상상했다. 어린 복자가 숨죽이며 그 장면을 지켜보던 모습을. 어머니의 손가락 끝에 맺힌 붉은 피방울들. 그 피는 고통의 증거이자 가족을 위한 사랑이기도 했다.

“엄마가 돌아가시기 전에 하시는 말이, 복자야, 너는 나처럼 살지 말라고. 하고 싶은 말 하며 살라셨지.”

그 말에는 평생의 후회가 담겨 있었을 것이다. 행자는 나지막이 물었다.

“그래서 그렇게 살았어요?”

“그렇게 살려고 기다렸어. 애들 크고 나서는 내 말 해야지. 이혼 하고 나서는 내가 하고 싶은 것 해야지. 밖에는 큰소리 제법 치고 다녔는데……그게 내가 하고 싶은 말들이었을까?”

복자가 갑자기 깔깔 웃었다.

복자의 웃음에는 평생을 혼자 살아온 여인의 고독이 스며있었고, 동시에 그 고독을 받아들인 듯한 담담함도 있었다.

행자는 복자의 지친 웃음을 들여다 보았다. 오래된 사진 속 인물처럼 희미하고 아련해 보였다. 하지만 그 쓸쓸함 속에서도 여전히 살아있는 온기가 있었다. 그것은 행자가 가져온 미역국 한 그릇이 만들어낸 온도였다.

-

이해가 마음을 바꾸진 않았다. 대신 상대의 상처가 얼마나 깊은지만 알게 해줄 뿐이었다. 어둠 속에서 상처받은 동물의 울음소리를 듣는 것처럼, 그 아픔을 알아도 어루만질 수는 없는 것이었다.

어느 저녁, 창밖으로 노을이 번지던 시간에 거실의 벽시계가 차분한 똑딱 소리를 내며 시간을 새기고 있었다. 그때 복자가 갑자기 자리에서 벌떡 일어났다.

얼굴에는 깊은 불안이 그림자처럼 드리워져 있었고, 눈동자는 어딘가를 애타게 좇고 있었다. 눈빛은 안개 속에서 길을 잃은 사람이 등불을 찾는 것처럼 간절하고 절망적이었다.

"여보……여보, 어디 갔어……나 두고 가지 마……."

복자는 잠결의 아이처럼 떨리는 목소리로 중얼거리며 거실로 나섰다. 발걸음은 흔들렸고, 눈은 눈물로 젖어 있었다.

거실의 오래된 소파, 식탁 위의 고지서, 벽에 걸린 둘째 아들의 가족사진들까지 모든 것이 그녀에게는 낯선 풍경이 되어 있었다. 자신만 다른 시공간에 떨어진 것처럼.

"사부인, 괜찮아요?"

행자의 다정한 말에도 복자는 흠칫하며 돌아섰다. 그 순간 전등 불빛이 그녀의 창백한 얼굴을 비추었다. 행자는 그 얼굴에 깊이 새겨진 공포와 혼란을 읽었다.

"당신 누구야? 내 남편 어딨어?"

"사부인!"

"당신이 숨겼지? 그 사람 어디로 데려갔어?"

손이 허공을 휘적휘적 더듬었다. 어둠 속에서 무언가를 잡으려는 몸짓처럼. 그러나 아직 오후 7시였고, 형광등 불빛은 환했다.

행자는 가슴이 저릿해졌다. 복자의 앞에 있는 것은 현실이 아니라, 그녀 마음 깊은 곳에서 되살아난 그리움이었다. 창밖에서는 저녁 바람이 커튼을 흔들리는 소리도 복자에게는 다르게 들릴 것이다.

"여긴 저만 있어요, 저밖에 없어요."

"거짓말."

복자가 고개를 저으며 뒷걸음쳤다.

"거짓말 하지 마! 나 다 기억해! 아까까지만 해도 그 사람이 여기 있었는데……."

그날 저녁 내내 행자는 복자를 타이르느라 진이 다 빠졌다. 소란에 할머니를 걱정한 손자들이 조심스럽게 노크하고, 밤이 되어 아들 부부가 퇴근한 뒤 소란을 전해 듣고 방에 들어왔을 때도 행자는 열린 문틈으로 괜찮다고 손짓했다.

밤까지도 복자는 좀처럼 잠들지 못했다. 행자는 그 옆에서 이불을 덮어주며 조용히 그녀의 곁을 지켰다. 창문 너머 달빛은 조용히 방 안을 감싸고 있었고, 그 달빛에 비친 복자의 얼굴은 깨지기 쉬운 도자기처럼 연약해 보였다.

시계 초침 소리만이 깊은 침묵을 깨고 있었고, 그 소리는 시간이 천천히 흘러가면서 기억들을 하나씩 지워가는 것 같았다.

-

깊은 밤 복자가 이불 속에서 몸을 웅크린 채 속삭였다.

"엄마……엄마, 나 무서워, 어디 갔어……."

그 목소리는 노인의 슬픔이 아닌, 상처 입은 아이의

것이었다. 시간이 거꾸로 흘러 복자를 어린 시절로 데려간 듯 앳되고 두려움 가득한 속삭임이 계속되었다. 얇은 벽은 엄마를 찾는 아이의 슬픔을 뒤돌아 누운 행자에게 전했다.

"엄마……."

잠에서 깬 행자는 조용히 문을 열고 벽 너머, 복자의 방으로 갔다. 그리고 침대로 다가가 그녀의 손을 살며시 감쌌다.

"저 여기 있어요."

"엄마……? 엄마야?"

행자가 빙그레 웃었다.

"그럼, 엄마죠."

"엄마……."

복자는 떨리는 손으로 행자의 손을 꼭 붙잡았다. 그 손만이 자신을 현실에 붙잡아두는 유일한 끈인 듯. 행자는 놀랍도록 차갑고, 마른 나뭇가지처럼 가늘고 버석한 손을 꼭 잡았다.

"혼자 있으니까 너무 무서웠어, 아무 소리도 없고 어두워서……."

"지금은 혼자 아니니까 괜찮아요."

그 말에 복자는 안도의 숨을 내쉬며 눈을 감았다.

그리고 아침이 되었을 때 복자는 밤의 일을 전혀 기억하지 못했다. 기억하기는커녕 그녀의 시계는 몇십 바퀴나 뒤로 돌아간 듯했다. 침대맡에서 꼬박 밤을 새운 행자를 발견한 복자는 소스라치게 놀라며 어깨를 잡아 흔들었다.

"자네, 어젯밤에 내 방에 있었어?"

복자의 눈가가 파르르 떨렸다. 무언가 기억하려 애쓰는 듯한 표정을 보며, 행자는 물속에서 무언가를 건져 올리려 하는 사람의 모습 같다고 생각했다. 그러나 뜰채를 떠 보아도 그 위에 남는 것은 없다.

"왜, 뭐 때문에?"

"사부인이 어제 무서워하셔서……."

"내가……무서워했다고? 뭘?"

행자는 잠시 생각하다 대답했다.

"뭐든 무서우면 어때요. 세상만사 무서운 일뿐인데요."

"그렇지……."

수긍하는 목소리를 들으며 행자는 슬며시 미소를 지었다. 이해와 연민, 그리고 말할 수 없는 애틋함을 담아 다시 한 번, 복자를 안심시키듯 물었다.

"무서울 게 뭐 있어요? 여기 다 사부인 가족들인데요."

"자네가 무서워. 내가 자넬 어떻게 믿냐구."

퉁명스러운 말에는 전과 달리 미움의 기색은 없었다.

"사부인 아들이 어머니 걱정을 저렇게 하는데 제가 무슨 짓을 하겠어요. 안심하세요."

행자는 뻐근한 어깨를 주무르며 자리에서 일어났다. 또다시 새로운 하루가 시작된다.

하지만 복자의 시계는 행자의 시계, 세상의 시계와 함께 돌아가지 않는다. 때때로는 멈추기도 하고, 느리게 가기도 하고, 반대로 돌아간다. 행자는 창문을 바라보는 복자의 굽은 등을 바라보았다.

잠시라도 복자와 나의 시계를 맞추어보면 어떨까.

그렇다면 복자의 눈빛, 복자의 말들을 이해할 수 있을까.

8장

두 집의 거리

복자의 기억은 계절의 바람처럼 변덕스러웠다. 맑고 투명한 날이 있는가 하면, 아무것도 보이지 않는 안갯속을 헤매는 날도 있었다.

오래된 라디오의 주파수가 맞지 않아 방송에 잡음이 뒤섞이듯, 복자의 마음속에서는 매일 과거와 현재가 뒤엉켜 흐르고 있었다. 특히 해가 저물고 어둠이 찾아오면, 그녀는 이 세상이 아닌 오래전 잊힌 시간 속으로 천천히 사라지곤 했다. 그리고 그때 나타나는 어떤 복자는, 행자가 오래전 만났던 차갑고 못된 여자였다.

"아주머니, 우리 아들 이번에 대학 가서 맞춘 양복 세탁소 맡긴 거 왔어요?"

"뭐라구요?"

"내가 오늘까지 찾아놓으라고 했잖아요!"

복자가 쏘아붙일 때마다 행자는 말을 잃은 사람처럼 자신이 돌보는 한 여자를 바라보았다. 복자의 혈색은 행자가 처음 보았을 때보다 더욱 좋아졌고 그녀에게 소리치는 일도 줄었지만, 과거에서 튀어나오는 감정은 점점 더 날카로워졌다. 수십 년간 복자가 담고 있던 말과 감정들이 터진 샘처럼 흘러나오는 듯했다.

고압적인 말끝, 차가운 눈빛, 경멸 어린 눈빛이 나타났다가 돌연 사라졌다. 어느 날에는 마음의 벽이 성큼 높아진 듯 의심스럽게 행자를 노려보다가, 어느 날에는 깊은 외로움의 메아리가 배갯잎을 적셨다.

"사부인, 괜찮아요?"

행자는 차라리 복자가 퉁명스럽게 대답해주길 바랬다. 그렇다면 이렇게 안쓰럽지는 않았을 텐데. 그러나 때때로 복자는 말없이 울고만 있었다. 때로는 창문을 보면서, 때로는 베개에 얼굴을 묻고.

"아이고, 뭐가 그렇게 서러우세요……."

복자의 오늘은 사라졌지만, 과거의 기억은 더더욱 선명해지는 듯했다. 그것은 축복이 아닌 저주였다. 안개가

걷힌 후 폐허가 된 고향을 마주하는 것처럼, 자신이 누구였는지, 무엇을 보고 겪었는지, 무엇을 잃었는지 떠올린 것이다.

그리고 가끔 시계가 오늘로 돌아오면, 복자는 자신이 지금 어떤 처지에 놓여 있는지 알아차리고 말았다.

아침마다 눈을 뜨면 낯선 천장이 그녀를 맞았다. 그 천장은 희끄무레한 침묵으로 가득했고, 자신의 인생이 어디서부터 어긋나기 시작했는지를 묻는 것 같았다.

어느 날부터인가 테이블 위 복자의 가족사진은 엎어져 있었다. 행자는 복자가 잠시 자리를 비운 사이 액자를 들고 낯선 이들의 옛 모습을 보았다. 사진은 유리에 갇힌 나비 표본처럼 돌아갈 수 없는 시간의 무덤 같았다. 복자의 어린 두 아들은 노랗게 바래 있었고, 남편의 다정한 눈빛은 갈색 얼룩으로 흐릿했다. 그리고 그 사이 홀로 복자의 환한 미소가 빛나고 있었다.

그 모두가 이제 복자에게 돌아오지 않는 시간이었다.

행자가 집에 들어온 날부터 빠짐없이, 복자는 언제나 창가에 앉아 멍하니 밖을 바라보았다. 그녀의 시선은 유리창 너머 어딘가 멀리, 시간을 건너뛰어 과거의 어느 순간을 찾아 헤메였다. 바깥에서는 가을 철새들이 지저

귀며 나무 사이를 날아다니고 있었다.

복자는 작은 창으로 보이는 새들을 한참 눈으로 좇았다. 새들은 원하는 곳 어디든 날아갈 수 있었다. 하늘 높이, 구름 위까지도. 하지만 그녀는 기억과 함께 이 방 안에 갇혀 있다.

-

여름이 지나고 처음으로 보일러를 튼 날, 복자가 말했다.

"나 바깥바람 좀 쐬고 싶어."

그때 행자는 복자의 침대 다른 구석에 걸터앉아 빨래를 개고 있었다. 오늘 저녁 반찬은 뭘 하나 생각하며 멍하니 손을 움직이다가, 느닷없는 말에 행자는 놀라 돌아보았다.

복자의 목소리에는 날카로운 투정이 묻어 있었다. 단순한 외출 욕구 이상의 갈증임을 행자는 알았다. 복자의 손가락이 요즘 창틀을 매만지고 있었기 때문이다. 갇힌 짐승이 우리의 경계를 더듬듯 애처로운 손짓이었다. 행자가 조심스레 말했다.

"오늘은 너무 추워요. 다른 날 같이 나가봐요. 네?"

날씨도 날씨지만, 행자의 머릿속에는 며칠 전 뉴스에

서 본 치매 환자 실종 사건이 머물러 있었다. 가족들이 사흘 밤낮을 찾았지만 결국 할머니는 집 창고에서 발견되었다. 인터뷰를 위해 마이크 앞에 선 가족들의 절망적인 표정은 악몽처럼 그녀의 머릿속에 박혀 있었다.

행자가 살던 동네에서도 치매 걸린 가족을 찾아 문을 두드리고 거리를 헤매던 사람들이 있었다. 내가 잠시 한눈판 사이 복자를 잃어버리면 어쩌지? 행자는 복자보다 아직 젊고 건강했지만, 그녀 또한 노년으로 가는 길 위에 서 있는 처지였다. 혼자 복자를 지켜 낼 자신이 없었다.

“왜 못 나가? 왜? 내가 감옥에라도 있는 거야?”

복자가 소리칠 때마다 눈동자가 흥분으로 떨렸다. 소리칠 때마다 복자의 주름진 얼굴에 젊은 시절의 기운이 되살아났다. 한때 누구보다 활동적이었고, 자신의 일정을 스스로 결정하며 살았던 고집스러운 여인의 모습이 일렁였다.

“당신이 뭔데 그깟 바람 한 번 못 쐬게 해?”

행자는 말없이 고개를 끄덕였다.

“그래요! 그럼 같이 나갑시다. 같이 콧바람 쐬고 와요.”

“자네랑은 싫어. 혼자 갈 거야.”

"그럼 우리 딸 오면 나가든지요."

"우리 며느리는 바빠. 당신처럼 남의 집에서 매일 심심하게 사는 노인이 아니거든."

무심히 흘러나온 복자의 말에 행자는 가슴에 돌을 맞은 듯 아팠다. 이제 복자의 날카로운 말들이라면 익숙해질 만큼 들었다고 생각했다. 행자는 그 때마다 속으로 중얼거렸다. 복자가 나에게 하는 말은 사실 스스로에게 하는 말이라고.

복자야말로 매일매일을 무의미하게 보내고 있는 노인이다. 그 무의미함이 견딜 수 없어 다른 사람을 공격하고 있는 것이다. 가장 곁에 있고, 가장 비슷한 처지인 행자 그녀를.

행자는 그녀의 등을 타이르듯 쓸어내렸다.

"사부인도 참, 그런 식으로 말씀하면 속상하네요."

"왜 기분이 나빠? 사실 아냐?"

복자의 표정에는 미묘한 오기와 상처가 얽혀 있었다. 그래도 행자의 다독이는 손을 밀쳐내지는 않았다.

"하여튼 혼자서는 못 나가셔요."

그날은 그렇게 일단락되었다. 문제는 그다음 날이었다. 행자가 화장실에 들어가 문을 닫고, 잠시 후 현관문이 닫히는 도어락의 전자음이 들렸다. 그 단조로운 소리에 행자의 심장이 덜컥 내려앉았다.

"사부인?"

행자는 서둘러 밖으로 나갔다. 고급 슬리퍼 안 쌍이 가지런히 있고, 현관문은 닫혀있었다. 잘못 들은 것일까? 하지만 침대에는 구겨진 이불만 남아 있었다. 집안 어디에도 행자는 보이지 않았다. 모든 작고 하찮은 것들을 모두 두고 한 사람이 사라진 것이다.

"사부인! 사부인!"

외침은 메아리 없이 집 안을 맴돌았다. 행자는 베란다로 달려가 창문을 열었다. 정오의 아파트에는 인적이 없었다. 가을 낙엽만 바람에 흩날릴 뿐이었다.

"이복자 씨……!"

행자는 급히 딸에게 전화를 걸었다. 한참 뒤에 전화가 연결되었지만, 정작 입이 떨어지지 않았다. 딸의 채근을 받고서야 겨우 중얼거렸다.

"사부인이 없다."

말하며 행자는 자기 팔이 하나 뚝 떨어져 나간 기분이었다.

딸과 사위는 택배 트럭으로 동네 구석구석을 뒤졌다.

사위의 동료들까지 나서서 복자를 찾았다. 모두 숨을 죽인 채 한 노인을 찾은 끝에, 복자는 한 시간 뒤 놀이터에서 발견되었다.

행자가 헐레벌떡 도착했을 때 복자는 그네에 앉아 바람을 느끼고 있었다.

복자의 모습은 평화로웠다. 그네가 앞뒤로 흔들릴 때마다 그녀의 흰 머리카락이 바람에 나부꼈고, 얼굴에는 어린아이 같은 순수한 미소가 걸려 있었다. 그 미소를 본 순간, 행자의 가슴 한편이 저릿하게 아팠다.

놀이터는 붉고 노랗게 물든 나무들로 가득했다. 단풍잎이 바람에 흩날리며 복자의 어깨 위로 떨어지고 있었다. 낙엽이 그녀의 흰 머리 위에서 춤을 추며, 시간을 거슬러 그녀를 젊은 날의 어느 순간으로 데려가는 것 같았다.

행복하게 그네를 타며 복자는 무언가를 중얼거리고 있었다. 행자는 진이 다 빠진 채로 복자에게 다가갔다.

"사부인!"

돌아본 복자가 태연하게 발을 내디디고 그네를 멈추었다. 그리고 생긋 웃었다.

"어머! 댁도 놀러 오셨어요?"

행자는 그네에 앉아 자신을 반기는 복자를 바라보았다. 처음 보는, 천진하고 행복한 얼굴이었다. 오늘도 내일도, 영원히 행복했을 것만 같은 노인이 행자를 보고 손짓했다.

"나는 우리 손자들이랑 왔어요. 우리 애들 봤어요? 며느리가 같이 벚꽃 핀 것 같이 보자고 데리고 온 거예요."

사방에 떨어진 낙엽과 복자를 보며 행자는 망연히 되물었다.

"그랬어요……?"

"우리 애들 어렸을 때도 이런 공원에 놀러 나왔는데요. 꼭 그날처럼 날씨가 좋네요."

재잘거리는 복자의 눈빛은 맞은편의 행자 너머 먼 곳에 있었다. 시간을 거슬러 올라가 손자들과 함께했던 시간을 바라보는 것일까.

복자의 시곗바늘은 뒤로 흘러 복자 자신의 아이들을 기르던 더 먼 시간으로 돌아갔다. 아이들의 웃음소리가 바람을 타고 울려 퍼지던 그 오후들, 젊은 복자가 낭랑하게 동요를 불러주던 순간들, 모든 것이 괜찮았던 그 황금빛 시간.

그네 밑 모래 위에는 낙엽들이 쌓여 있었다. 갈색으로

변한 그 잎들은 세월의 흔적처럼 층층이 포개져 있었다.

"네, 이제 갑시다."

행자는 그네에 앉은 복자를 일으켰다. 복자는 신발도 없이 덧신 바람이었다. 꽃무늬 덧신 아래서 오래된 낙엽이 부서졌다. 바스락 소리와 함께 추억들이 흩어지는 것만 같았다.

-

딸을

"엄마, 정말 얼마나 놀랐는지 알아? 혹시라도 못 찾았으면 어쩔뻔 했어……."

딸의 목소리에 가득한 원망은 행자를 향한 것이기도 했고, 스스로를 향한 것이기도 했다.

행자는 묵묵부답이었다. 잘못한 게 없다고 말할 수도, 최선을 다했다고도 말할 수 없다. 깊은 피로만이 어깨 위를 무거운 담요처럼 짓눌렀다. 딸 옆의 사위가 조용히 말했다.

"죄송해요. 저희 어머니 부탁드릴 분이 어머님뿐이에요."

"최 서방, 내가 자네 볼 낯이 없어."

"저희 어머니 까탈스러우신거 제가 제일 잘 아는데요."

침대에 누운 행자는 좀처럼 잠들지 못했다. 천장 너머로 복자의 말들이 메아리처럼 울려왔다. 당신도 갈 곳 없으니까 여기 있는 거잖아. 무능하니까.

어둠 속에서 행자는 자신의 손을 바라보았다. 주름이 깊게 패인 그 손들은 오랜 세월 수많은 일을 해냈다. 남편을 일찍 떠나보낸 뒤 아이들을 키우며 다. 하지만 지금은 그 손이 한없이 무력해 보였다. 달빛이 창문으로 스며들어 비춘 손등이 시든 꽃잎처럼 연약해 보였다. 늙어가며, 잃어가는거야. 전부 사라져가는 거야.

행자는 조용히 눈을 감았다. 마음 어딘가에서 울컥, 무너지는 소리가 들렸다.

-

늦은 밤 행자는 집을 나섰다. 손가방 하나 들고 딸의 집으로 올 때 탔던 버스를 반대로 탔다. 어둠 속의 들판에서 선득하게 움직이는 그림자들을 보던 중 눈을 질끈 감았다. 저 안으로 먹혀들어갈 것만 같다. 지끈거리는 두통에 어금니를 꽉 물고 있다가, 정신을 차리니 어느새 버스 정류장이었다.

이렇게 마음만 먹으면 달려올 가까운 거리다. 그런데도 행자는 두 달이 다 되도록 내내 딸의 아파트가 있는 작은 동네 안에 머물러 있었다. 복자를 돌보느라 바빴던 것도, 딸 집안 살림을 돌보느라 그런 것도 아니다. 돌아와봤자 달라질 것이 없으리란 걸 알면서도 혼자 뿐인 집에 돌아올 자신이 없었던 것이다.

행자는 익숙한 골목길을 걸었다. 가로등 불빛이 그녀의 걸음걸음을 비추었다. 길을 걸으며 그녀는 늦은 밤 반찬가게에서 다음날 반찬거리 밑작업을 하고 퇴근하던 노곤한 시간들을 떠올렸다. 불 꺼진 집에 혼자들어가도 하나도 외롭지 않은 날들이었다. 남편과 마련한 내 집이 있고, 그 집으로 돌아올 자식들이 있던 때다.

곧 감나무 가지가 드리운 오래된 주택이 모습을 드러냈다.

담벼락 아래는 뭉개진 감이 말라붙어있었다. 가지에는 고작 까치가 쪼아먹은 감 몇 개 남은 것을 보고 행자는 쓴웃음을 지었다.

"저 맛있는 감을 올해는 하나도 못 먹었구나."

아직 경매가 시작되지 않았는지, 집은 행자가 떠나오던 날 그대로였다. 행자는 현관문에 손을 얹었다. 문을 열면 아들딸 얼굴이 담긴 가족사진 액자와 시어머니가 물려준 시계가 그대로 있을 것이다. 그러나 행자는 끝끝

내 문고리에 손을 올리고만 있었다.

아들은 여전히 연락이 없고, 딸은 밤에 고된 몸을 이끌고 돌아와 사위와 서로의 등에 파스를 발라주는 날들. 좁은 방에 누워 벽을 타고 들려오는 사돈 노인의 앓는 소리. 행자에게 그보다 끔찍한 것이 있다면 열쇠를 들고도 들어가지 못하는 이 집이었다.

행자는 현관문에 머리를 꿍 찧었다. 떨어진 눈물이 손등을 적셨다.

"내가 뭘 잘못했을까."

바람 소리에 섞여 멀리서 기차 소리가 들려왔다. 그 기차는 어디로 가는 걸까? 혹시 자신도 그 기차를 타고 어디론가 떠날 수 있다면? 하지만 그런 생각은 금세 무의미해졌다. 갈 곳이 없는 사람에게 기차는 단지 스쳐 지나가는 소음일 뿐이다.

기차 소리는 점점 멀어져 갔고, 희망이 사라지는 것처럼 적막 속으로 녹아들었다. 행자는 돌아섰다.

-

늦은 밤 돌아온 불 꺼진 딸의 집은 고요했다. 딸 부부는 아직 잠들지 않았는지, 닫아 둔 안방 문틈으로 희미한 불빛이 새어 나오고 있었다. 부엌 벽에 가느다란 선을 그은 빛은 희망의 실낱같기도 했고, 감옥의 창살 같기도 했다.

행자는 그 빛을 바라보며 생각했다. 내일이 오면 모든 게 달라질까? 아니면 오늘과 똑같은 하루가 반복될까?

행자는 방문을 열고 어린아이처럼 조용히 잠든 복자를 바라보았다. 침실의 공기는 무겁고 정적이었다. 그 고요함 속에서 행자는 복자의 숨소리와 함께 자신의 심장 뛰는 소리를 들을 수 있었다. 그 소리는 외롭고 불안했지만, 동시에 아직 살아있다는 증거이기도 했다.

"모질게도 살아있어……. 나도, 당신도."

저도 모르게 중얼거리며, 행자는 복자의 곁으로 다가갔다. 이불 속에서 복자의 몸은 더욱 더 작아져 있었다. 원시적 본능에 따라 자신을 보호하려는 듯, 몸을 움츠린 채 세상의 무게를 견디는 듯했다.

행자는 복자의 침대에 기댄 채 바닥에 주저앉았다. 지금 이 순간, 그녀에게 필요한 것은 내일을 버틸 수 있는 작은 용기 하나뿐이었다.

그러나 그 용기를 어디서 찾을 수 있을까?

행자는 그 밤, 자신이 정말로 이 집에 필요한 존재인지 질문했다. 그리고 그 의문은 작은 균열처럼 그녀의 마음 깊숙이 자리 잡았다. 내일이 되면 다시 복자를 마주해야 하고, 또 다른 하루를 버텨내야 하지만, 그 모든 것이 과연 의미가 있는 일일까?

하나의 인간이기도 하지만 고통에 소리지르고 앓다가 죽음을 맞이할 치매 노인일 뿐이다. 그리고 정도만 다를 뿐 자기 역시 그렇게 되리라고 행자는 자조했다. 바닥에 짓무른 감처럼, 잃어버린 집처럼 결국에는 바스러지고 말 것이라고.

그렇게 밤은 깊어 갔고, 행자는 여전히 잠들지 못한 채 새벽을 기다리고 있었다. 부산스러운 새 소리가 들렸다. 그 소리는 희미했지만 또렷했고, 밤의 끝과 새로운 하루의 시작을 알리고 있었다. 하지만 행자에게 그 소리는 위로가 되지 않았다. 오히려 또 다른 버거운 하루가 시작된다는 무거운 현실을 일깨워줄 뿐이었다.

이어 좁은 창밖의 동쪽 하늘이 희끄무레하게 밝아오기 시작했다. 그 빛은 약했지만 분명했다.

행자는 그 빛을 바라보며 몸을 일으켰다. 그녀의 마음속에는 여전히 의문과 불안이 자리 잡고 있었지만, 동시에 작은 결심도 싹트고 있었다.

내일이 되면, 복자와 다시 마주해야 한다. 그리고 언

제까지든, 그때까지……버텨야 한다. 어떤 일이 있어도, 어떤 말을 듣게 되어도.

사돈 부인이어서가 아니라, 치매 노인이라서가 아니라. 딸의 부탁이어서가 아니라.

행자 자기 자신을 위해서.

우울에 젖어 있는 대신 약을 먹이고 죽을 쑤면서 정신없는 하루를 또 달력 너머로 넘겨 보내기 위해서.

몸은 무거웠지만, 어제와 같은 하루가 될 것이지만, 돌아갈 곳은 없지만 그래도 살아야 했다. 복자가 살아가고 있듯이, 그녀 역시 이 삶의 무게를 견뎌내야 했다.

오늘도 해야 할 일들이 그녀를 기다리고 있었다. 아침 식사 준비, 복자의 약 챙기기, 그리고 또 다른 하루의 대화와 침묵들.

복자 또한 마찬가지다. 옛 기억 속에 갇혀 두리번거리며 날 선 말을 던지고 방에서 도망치지만 결국은 함께 이 시간을 견뎌갈 사람이 있다면 등 뒤에서 곤히 잠들어 있는 복자야말로 행자의 유일한 동료인 것이다.

햇살이 방안을 밝게 비추었다. 새로운 하루다. 어제와 비슷할지도 모르지만, 그래도 새로운 하루임은 틀림이 없다.

행자는 깊게 숨을 들이쉬고 복자의 방문을 열었다.

좁은 복도에는 아침의 고요함이 흐르고 있었다. 그 고요 속에서 두 사람의 새로운 하루가 시작된 참이었다. 이해와 오해, 사랑과 상처가 뒤섞인 복잡한 감정들을 안고 오늘도 함께 살아가야 한다.

행자는 그 사실을 받아들이며, 식은 밥을 끓여 간단한 미음을 쑤었다. 복자는 어제 한참 아파트를 헤매 놀이터를 찾아 놀았으니 잠이 깨면 배가 고프다고 투정을 부릴게 분명했다. 국그릇에 적당히 식힌 죽을 담고 쟁반에 얹어, 행자는 복자의 방문을 조심스럽게 두드렸다.

"사부인, 아침이에요."

9장

두 사람의 시간

10월에 들어서자 잔기침이 늘어나더니, 결국 복자는 앓기 시작했다. 이른 새벽 갑작스레 시작된 고열은 발작으로 이어졌고 온 집안 사람을 깨웠다.

평소보다 더 창백한 얼굴에 헐떡이는 숨결에 행자는 그녀의 건강이 심상치 않음을 깨달았다. 이마에서는 굵은 땀방울이 흘러내렸고, 갈라진 입술에는 피딱지가 맺혔다. 숨소리마다 가슴이 파도처럼 격하게 오르내렸다.

감기 증세라 생각했던 병은 빠르게 폐렴으로 번져가고 있었다. 작은 불꽃이 마른 풀밭을 태우듯, 병마는 그녀의 몸 안에서 조용히 세력을 넓혀가고 있었다. 행자는 애가 타서 등을 쓸어내리며 설득했다.

“사부인, 우리 병원 갑시다.”

그래도 복자는 끝끝내 고개를 저었다. 두려움이 묻은 눈빛으로 천장을 바라보며 말했다.

“병원 싫어……죽기 싫다고…….”

그 눈동자에는 아이 같은 깊은 공포가 떨리고 있었다. 늘 태평한 듯 했던 사위도 방으로 들어와 복자의 어깨를 잡아 흔들었다.

“엄마, 안 죽으려면 치료를 받아야죠! 왜 이렇게 고집을 부려요? 그만 좀 해요!”

“얘, 나는 여기서 죽을 거다. 우리 며느리 집에서…….”

복자의 중얼거림은 상처받은 동물이 자신만의 안전한 굴에서 몸을 웅크리려는 본능과 같았다. 이 낡은 집이, 삐걱거리는 마루와 바래진 벽지와 오래된 냄새들이 그녀에게는 마지막 안식처였다.

행자의 딸이 나서서 설득해도 복자의 결심은 바위처럼 완강했다. 결국 사위가 지역 병원에 연락해 의사를 집으로 모셔왔다. 진찰을 마친 의사는 잘라 말했다.

“폐렴입니다. 당장 입원 할 수 있겠어요?”

복자가 매몰차게 고개를 저었다.

“절대 안 가! 죽더라도 집에서 죽지…….”

"어머님, 어머님 연세에 폐렴 잘못되면 정말 죽어요. 치료를 받으세요."

그래도 복자는 절대 떠나지 않겠다고 버텼다. 못마땅해하던 의사는 치매라는 말에 체념하며 항생제와 해열제를 처방해주었다.

집을 떠나며 그는 간병이 가장 중요하다고 당부했다. 한시라도 혼자 두면 위험하는 것이다. 하루종일, 그리고 밤에도 누군가 곁을 지켜야 한다면 그 역할은 행자의 몫이 될 수밖에 없었다.

"그럼, 내가 할게요."

행자는 고개를 끄덕였다. 밤이면 복자의 이마에 차가운 수건을 얹고, 식은 죽을 촛불처럼 조심스럽게 데워 먹이고, 마른 입술에 물을 적시는 행자의 손길은 나날이 지쳤지만 그만큼 더 집요해졌다. 앓는 시간이 길어질수록, 행자는 복자의 옆에 바짝 앉아 그녀를 들여다보았다. 그리고 그녀의 모든 이야기를 들어주었다.

복자는 고열에 시달리며 자주 의식이 흐려졌고, 헛소리를 중얼거리곤 했다. 열병 속에서 떠오르는 것들은 대부분 어린 시절의 기억들이었다. 어두운 방에서 홀로 떨던 기억, 아픈 몸을 돌봐줄 사람이 없어 두려웠던 기억들이 파편처럼 흩어져 나왔다. 오래된 사진첩에서 바래진 사진들이 떨어져 나오듯 두서없지만 놀랄 만큼 선명했다. 또 열이 오르면 잠에서 깬 어린아이처럼 맹목적으로 엄마를 찾기도 했다.

"엄마……엄마 어디 갔어? 무서워……어두워……."

그럴때면 복자의 목소리는 시간의 강을 거슬러 올라가 어린 시절의 두려움을 토해내는 듯 쓰라렸다.

행자는 복자의 손을 감쌌다. 늙은 손은 가을 끝의 마른 가지처럼 가늘고 차가웠다. 떨리는 손 속에는 평생의 외로움이 스며들어 있었다.

"여   네. 복자 엄마 여   어."

"정말?"

행자는 자장가처럼 대꾸했다.

"정말로."

복자는 밤새도록 손을 놓지 않았다.

-

창밖엔 가을바람을 닮은 싸늘한 달빛이 내려앉아 있었다.

벽시계는 새벽 두 시를 가리켰다. 가장 깊은 밤의 시간. 사람들이 모두 잠들고, 세상이 가장 조용해지는 시간. 진실이 가장 쉽게 입 밖으로 나오는 시간에 복자가 문득 눈을 떴다.

침대 아래에 이불을 깔고 선잠을 자던 행자는 소곤거리는 목소리에 눈을 떴다.

"나 좀……도와줘."

"사부인, 괜찮아요?"

"도와줘, 빨리."

오랜만에 복자의 시계는 현실에 맞춰져 있었다. 반색하며 일어난 행자는 코를 찌르는 냄새에 정신이 드는 듯했다. 선명하고 지독한, 절로 눈살을 찌푸리게 만드는 오물 냄새였다.

"미안하네, 내가, 실수를 해서……."

사과는커녕 제대로 된 부탁 한번 한적 없는 복자다. 그랬던 고집 센 노인이 이불을 한쪽에 멀리 치워둔 채, 떨리는 손을 앙상한 무릎 위에 얹은 채 행자가 깨어나기만을 기다리며 조용히 부르고 있었다. 혹시라도 아들이며 며느리, 아이들에게 들킬세라. 늦은 밤 자신의 오물 냄새를 맡으며 조용히 부르고 있었던 것이다. 도와달라고.

행자는 말없이 빠르게 움직였다. 침대에 깔린 요를 걷

어내 둘둘 말고, 복자의 어깨를 붙잡고 조용히 현관 옆 욕실로 데려갔다. 바지와 속옷을 빠르게 벗겨내는 손에 복자는 싫은 내색은커녕 숨 소리조차 내지 않았다. 행자는 괜찮다는 말도, 농담 한 번 도 없이 조용히 샤워기를 들고 따뜻한 물로 복자의 마른 몸을 천천히 씻겼다.

말끔한 뒤처리가 끝나자 부드러운 수건으로 엉덩이며 다리에서 물기를 닦아냈다. 방으로 데려와 옷을 갈아입힌 뒤에는 창문을 열어 환기를 시켰다. 그리고 오물이 묻지 않은 이불로 복자를 감쌌다.

이만하면 됐다. 행자는 땀에 젖은 이마를 쓸어넘기며 중얼거렸다.

“감기들어도 잠깐 창문을 열어둡시다. 빨래는 애들 내일 가고 제가 할게요.”

이불에 둘둘 싸인 채, 복자는 말없이 행자를 올려다보았다. 복자가 단호히 말했다.

“오늘 일은 잊어버리셔요.”

“잊어버리긴. 이제 자네 큰일이네. 이제 시작인데.”

“사부인.”

복자가 씁쓸히 웃었다.

“요즘 정신이 좀 돌아오면 그 사람들 생각이 나네. 아파트에 요양원 차 타고 오며 가던 노인들. 며느리며 딸들이 이끄는 대로 힘없이 차에 타고 내리던 늙은이들을 내가 그렇게 흘겨봤는데."

"안 하던 말씀을 왜 하세요?"

행자는 투덜거리며 복자의 이마를 짚어보았다. 기분 좋게 따뜻한 체온이 전해졌다.

"열도 내리고 한바탕 쏟아 내시고. 좀 나으신 모양이에요."

복자가 숨을 고른 뒤, 힘겹게 입을 열었다.

"자네는……왜 나를 이렇게 돌봐줘?"

피식 웃은 행자가 중얼거렸다.

"그럼 아픈 사람 내버려 둘 수 있나요? 사부인은 우리 딸애만 찾으시지만, 일하느라 바쁜데 저라도 거들어야죠. 그리고……."

잠시간 침묵이 이어졌다. 그 침묵 속에서 무언가가 천천히 익어가고 있었다. 겨울 땅속에서 새싹이 조용히 자라나는 것처럼, 누에고치 안에서 나비가 성장하는 것처럼. 진심이 가슴 깊은 곳에서 목구멍을 타고 올라왔다.

마침내 행자가 말했다.

"제가 사부인 옆에 있기로 했으니까요."

그 말은 행자 자신도 놀랄 만큼 진심이었다. 복자는 여전히 까칠하고 날카로운 노인이다. 안에는 여전히 못된 성미가 남아 있는지도 모른다. 그럼에도 행자에게는 돌보아야 할 환자였다. 평생 고고했지만, 마지막 순간에는 시간에게조차, 자신의 몸에게조차 외면당한 외로운 노인.

행자는 그 노인의 끝을 함께하고 싶었다.

복자는 한참을 행자를 바라보았다.

"고마워."

또렷하고 따뜻한 목소리는 가늘게 떨리고 있었다.

"예전에 우리 집 왔을 때 내가 참 못되게 굴었는데."

"그걸 기억하세요?"

"어떻게 잊나, 그날을."

행자가 쓸쓸히 미소지었다.

"나 항상 자네가 얼마나 부럽던지. 둘째 며느리가 인사 왔는데 지 어머니 자랑을 그렇게 하는 거야. 내 어떤 사람인지 직접 보자 싶었지."

그 고백에는 오래 묻어둔 부끄러움과 후회가 파도처럼 출렁이고 있었다. 복자는 눈을 감은 채, 무거운 짐을 내려놓듯 한 줌의 기억을 토해냈다.

"직접 자넬 보니 화가 났어. 비를 맞고 얼빠진 사람처럼 웃는데 너무 착해 보여서. 머뭇머뭇 전복죽이라며 내미는데 밉고, 화가 나고……."

갑자기 복자가 울음을 터뜨렸다.

아이 같은 울음이었다. 스스로를 책망하고, 동시에 용서받고 싶은 가장 부드럽고 연약한 마음이 흔들리고 있었다. 고집 센 노인의 자존심이 완전히 무너져내린 것일까? 그동안 복자는 행자의 병이 조금씩 조금씩 행자가 쌓아둔 담장에서 벽돌을 빼앗아가는 것을 지켜봐왔다. 그래서일까. 이제 행자는 복자의 눈을 제대로 볼 수 있었다.

결코 어른스럽다고는 할 수 없으나 한없이 인간적인, 상처자국과 흉터가 머무른 눈이다.

행자가 힘주어 말했다.

"뭐 어때요."

침묵이 흘렀다. 두 개의 촛불이 어둠 속에서 서로의 존재를 확인하는 듯 고요하고 따뜻한 침묵이었다. 복자가 이불을 여미며 중얼거렸다.

"나, 자네가 많이 부러웠어. 자네 집 같은 그런 가족이라면 어떨까 생각했지. 속 터놓고 이야기하고, 위해주고."

"사부인 아드님도 사부인을 사랑해요."

"아니야. 우리 애들……나는 아이들 인생에 늘 어깃장이었어. 첫째는 이제 날 안 봐. 둘째가 괜히 남아서 짐을 떠맡았지."

복자가 한숨을 쉬었다. 고백은 계속되었다. 희미한 목소리에는 평생 쌓인 서운함과 외로움이 강물처럼 흘러나오고 있었다. 댐이 터져 억눌려 있던 물이 한꺼번에 쏟아지는 것처럼.

행자는 천천히 고개를 끄덕였다.

"삶이 참 고되어요, 그죠?"

그 말에 복자는 더욱 크게 울었다.

행자는 복자의 손을 꼭 잡았다.

"저도 그래요, 사부인. 우리 첫째도 제가 얼마나 알뜰살뜰 키웠는데 연락 한 번 없는 것 보세요."

그녀는 깊은 숨을 들이마셨다. 그동안 혼잣말로도, 딸에게도 꺼내 본 적 없는 이야기였다. 누구에게 이런 말을 할 수 있을까? 복자가 내일이라도 당장 떠난다면, 나는 누구 앞에서 자랑스러웠던 내 아들 욕을 시원하게 할까? 울컥 눈물이 치밀어올랐다.

"참 저도 저예요. 딸한테 사정을 듣고 나니 도저히 애한테 전화를 못 하겠더라구요. 그러니, 그저 마냥 기다리는 거예요. 정신을 차리면 전화를 하겠거니 하며……."

"여태까지 연락이 없어? 몹쓸 것."

"제 말이 그거예요. 사고를 치더라도 연락을 해야 앞으로 같이 해결해 나갈 텐데. 참 철딱서니가 없어요. 자식들이 다 그런 거 아니겠어요? 원래 기른 공을 모른대잖아요."

어느새 울음을 그친 복자는 손등으로 눈가를 훔치는 행자의 말에 고개를 끄덕이고 있었다.

"맞아, 정말 그래."

"또 저희 딸은 시어머니 없어졌다고 얼마나 저를 타박하던지, 원. 사부인이 많이 소중한가 봐요. 정말 며느리 하나는 잘 두셨네요."

그 말에 복자가 눈물 젖은 얼굴로 웃었다.

창밖으로는 어스름한 새벽빛이 물감처럼 스며들기 시작했다. 하늘은 서서히 색을 바꿔가고 있었다. 깊은 남색에서 보라색으로, 보라색에서 분홍빛으로, 그리고 마침내 황금빛으로.

복자는 행자의 손을 고쳐잡았다. 그 손길이 주는 따뜻함이 행자에게도 스며들고 있었다. 한층 혈색이 도는 얼굴로 복자가 말했다.

"나 때문에 고되어서 어쩌나."

"알면 밥이나 잘 드셔요."

복자는 대답 대신 행자의 손을 꼭 잡았다. 행자도 손을 마주 잡았다. 그 손길에는 약속이 담겨 있었다. 당신을 가만히 두지 않고, 찬찬히 달래겠다. 내 힘 닿는 마지막 순간까지 돌보겠다는 결연한 마음으로 행자는 앙상한 손을 몇 번이나 쓰다듬었다.

10장

두 여자의 날들

복자의 열이 떨어졌을 때는 가을임에도 때이른 첫눈이 내리고 난 뒤였다. 여느 때보다 이른 추위로 한파가 예상된다는 뉴스가 아침마다 거실을 울렸다. 행자의 딸과 사위는 두툼한 패딩과 모자, 목도리로 무장을 하고 추운 출근길에 나섰다. 젊은 부부는 출근하기 전마다 매일 조심스럽게 문을 열어 환자의 상태를 살폈다. 10월이 끝나갈 무렵부터는 조심스럽게 복자의 상태가 어떤지 행자에게 묻기도 했다.

“요즘에 어머님이 너무 조용하셔요. 예전에 기운 좋게 소리치실 땐 아랫집 윗집에서 찾아올까 걱정했는데, 이제는 뵈러 들어가도 너무 말씀이 없으셔서……정말 괜

찾으신 거죠?"

행자는 늘 같은 대답만 돌려주었다.

"너무 걱정 말아라. 아침 나절 밤 나절엔 다들 기운 없어. 낮에는 어릴 때 마당에 키우던 강아지 얘기까지 다 하신다."

하지만 폐렴이 찾아들고 나면서 복자의 기운은 눈에 띄게 약해진 것은 사실이었다. 죽은 목 안쪽으로 겨우 넘겼고, 좋아하던 미역국도 몇 숟가락 뜨는 게 전부였다. 시곗바늘은 제멋대로 돌아갔다. 오전에는 남편을 찾다가, 오후에는 어머니를 찾고, 또 가끔은 오빠들이나 친구를 찾기도 했다. 그때마다 행자는 장단을 맞춰줬고, 가족들을 흉내 내는 솜씨도 늘어갔다. 한편으로는 복자의 시계가 가끔은 행자에게도 맞춰줬으면 했다.

정신없이 오가는 시곗바늘에도 두 사람 사이에 흐르기 시작한 공기는 이전과 분명히 달랐다. 복자가 행자를 알아보는 날은 점점 줄어들었지만, 경계심과 적대감은 지난 가을 떨어진 낙엽에 실려갔는지 자취를 감추었다. 그 자리에는 말로 표현할 수 없는 미묘한 변화가 물결처럼 일고 있었다.

"아주머니는 누구서요……이 집에서 일해요?"

젠체하는 말투로 복자에게 말을 걸어오는 날도 있었다. 행자는 웃음을 참았다. 예전 같았으면 주눅이 들었을 부잣집 사모님의 모습이 이제는 밉지 않았다.

"예, 며느리가 사모님 돌봐드리라고 불렀답니다."

"걔는 무슨 제 걱정이나 할 것이지."

"그러게요."

행자는 웃으며 죽 그릇을 건넸다. 옛 시간에 갇힌 카랑카랑한 목소리와 달리, 힘없는 손은 자꾸만 숟가락을 떨어뜨렸다. 행자는 조심스럽게 수저를 건네받아 마른 입술 사이에 죽을 흘려넣어주었다.

"맛이 어떠세요, 사모님?"

"먹을 만 해요."

그렇게 한참 식사를 하고는 또 가만히 있다가, 다른 이야기를 하기도 했다.

"우리 아들 알아? 영국에 공부하러 갔다가 지금 변호사야. 대단하지. 내가 걔 학비 대느라 참 말은 못해도 힘들었지. 남편한테 위자료로 받은 돈 다 거기다 붓고. 둘째는 사람만 좋지 실속을 못 챙겼어. 지 아빠 있었으면 좀 나았을 텐데……."

중얼거리는 소리를 들으며 행자는 그러냐고 옆에서

고개를 끄덕이고 있었다. 빨랫감을 가지고 와서 옆에서 개거나, 청소를 하다가 들여다보기도 하면서 복자 곁을 지켰다.

그러다 아무 소리도 들리지 않아 돌아보면, 복자가 침대에 기대어 졸고 있었다. 행자는 복자의 굳은 어깨를 내려 베개를 베고 편히 쉬게 했다. 선잠이 깬 듯 눈살을 찌푸리며 화를 내기도 했다.

"하지 마."

"편히 주무시라고요."

그래도 더 이상 고집은 부리지 않았다. 몇십 년을 함께 있어왔던 것처럼, 평생 곁에 있었던 것처럼 순순히 손길이 이끄는 대로 잠이 들고 약을 먹고 일어나서 밥을 먹었다. 그리고 아주 가끔 중얼거렸다.

"고마워."

그 말은 오래된 벽 틈 사이로 스며든 봄빛처럼 작고 미약했지만, 행자의 마음에는 말없이 깊이 새겨졌다.

-

여느때보다 추운 날 중에도 유난히 볕이 좋은 날들이 있었다. 그럴 때면 구름 낀 듯 흐릿하던 복자의 눈도 맑게 개었다. 창밖으로 부드러운 햇살이 방 안으로 스며들면 오후에는 더욱 날씨가 좋았다. 공기는 꿀처럼 달콤하고 끈적했으며, 먼지 입자들이 황금빛 광선 속에서 춤추듯 움직였다. 각각의 알갱이마다 작은 태양을 품은 듯 빛났다.

복자는 창가에 고개를 뻗고 그 먼지를 들여다보고 있었다. 행자는 헐렁해진 복자의 치마를 줄이느라 바늘을 들고 앉았다가 복자가 보는 것을 함께 보았다. 그리고 깨달았다.

지금도, 이 방에서 처음 본 날도 복자는 침대 맡에 앉아 있었다. 방에 갇힌 처지를 원망하는 것도, 누군가를 기다리는 것도 아니었다. 흘러가는 자신의 시간을 보고 있었던 것이었다.

창문의 색깔은 시시각각 변했다. 벽지 위로 드리워진 그림자는 시간에 따라 천천히 자리를 옮겨갔다. 창가에 부딪히는 나뭇가지는 불규칙한 리듬으로 알 수 없는 신호를 보내고 있었다. 바람이 불어올 때마다 봄과 여름에는 잎사귀가 흔들렸을 것이다. 그 소리는 자장가처럼 부드럽고 평화로웠다.

복자의 방 안에는 복자의 시간이 흐르고 있었다.

그 고요한 순간을 깨뜨리며, 복자가 천천히 입을 열

었다.

"힘들지?"

행자는 바느질하던 치맛단을 내려놓으며, 복자의 얼굴을 마주 보았다. 순간 햇살이 복자의 눈동자를 스치며, 흐린 눈망울 속에서 작은 별이 반짝이는 것 같았다.

행자가 대답했다.

"가끔……. 아니, 시시때때로 힘들죠. 왜 안 그러겠어요?"

복자가 웃었다. 그 웃음은 입가에 머물렀지만 눈가까지는 번지지 않았다. 대신 그 눈에는 깊은 우물 같은 슬픔이 고여 있었다.

"그럼 왜 여기 있어. 얼른 집에 가."

"갈 곳이 없어서요. 집이 있어야 가죠, 사부인."

복자는 창밖으로 시선을 돌렸다. 바람에 흔들리는 레이스 커튼 너머로, 나뭇가지 위로 햇살이 부서지며 흘렀다. 멀리서 아이들의 웃음소리가 들려왔고, 어디선가 라디오에서 흘러나오는 옛 가요의 선율이 바람을 타고 흘러왔다.

"늙어서 자식 신세 지기 서러워."

"그러게 말이에요."

복자는 아무 말 없이 고개를 끄덕이며 중얼거렸다.

"다 남편 복 없는 죄지. 새댁은 어때. 남편이 있어?"

복자가 물었다. 흐린 눈은 행자가 아닌 길고 좁은 창문에 있었다. 지금 그녀의 시간은 어디에 머물러 있을까? 어쩌면 이제 복자는 자신이 지나온 시간이 아니라, 궤적 바깥의 섬을 거닐고 있는지도 모른다. 그 섬에는 사람이 없고, 허공에 목소리만 메아리치고 있을 것이다. 먼 바다 밖에서 들려오는 행자의 목소리만이.

행자가 의식 너머 무인도에 선 복자에게 대답했다.

"남편 없어요. 식만 겨우 올리고 시댁살이 하면서 열심히 돈 모으더니, 집 하나 달랑 해두고 바로 가버렸어요. 집에 내가 좋아하는 감나무를 심어주고 애들 둘 두고요. 그 집에 있으면 우리 네 식구 다 있는 것 같았는데. 이제……없어요."

행자는 눈을 감았다. 행자의 시곗바늘도 뒤로 돌아가는 것 같았다. 감나무를 심으며 몇 년이 지나야 감이 열릴까, 남편과 함께 헤아리던 시간으로 오랜만에 돌아가보았다. 멀리서 오래 전 잊어버린 목소리가 들리는 듯했다. 우리 행자가 감나무를 좋아하는데, 감나무를 심을 수 있는 집을 구해서 참 다행이네.

"우리가요……그 집 들어갈 때 시어머니가 시계를 하나 해 주셨어요. 그때 시계가 좀 비쌌어요? 생활도 팍팍한데 돈으로 주시지 분에 넘치게 왜 시계를 해주시나 했는데. 나중에 하시는 말씀이 남편이 그렇게 졸랐다는 거예요. TV 드라마에 있는 번듯한 집에는 다 시계가 있다고요. 정말이지 애도 아니고."

행자는 축축한 턱을 소매 끝으로 닦았다. 어느새 눈물이 소리도 없이 뺨을 다 적시고 있었다. 혹시라도 복자가 볼까 싶어 행자는 그녀에게서 등을 돌리고 몸을 움츠리며 조심스럽게 코를 훌쩍였다.

등 뒤에서 복자가 중얼거렸다.

"참 예쁘네. 예쁘게 살았어."

"사부인이 뭘 아신다고 그래요."

행자는 저도 모르게 퉁명스럽게 내뱉었다.

"그렇게 남편 먼저 책임감 없이 떠나버리고, 제가 담근 김치로 이 아파트도 짓겠어요. 사부인이 흘겨보던 초라한 행색, 손톱에는 항상 고춧가루, 애들 학교에서 무슨 행사를 해도요. 저는 한 번도……."

그 다음에는 단어 대신 울음이 터져나왔다. 예전에 복자가 그녀 앞에서 아이처럼 엉엉 울었듯, 행자는 몸 안에서 쏟아지는 슬픔을 참지 못했다. 붙잡고 있던 치마폭에 얼굴을 묻고, 그녀는 소리를 죽였다. 행자가 울음을 그치기까지 복자는 어떠한 반응도 위로도 없이 멍하니 창가를 바라보고 있었다.

-

행자가 복자의 방 문을 연지 삼개월이 지났다. 그럼에도 행자와 복자는 서로의 존재에 완전히 익숙해졌다. 복자는 행자의 손길에 기대었고, 그만큼 행자는 복자를 따라 하루하루를 버텨냈다. 집의 경매가 시작된다는 연락이 와도, 여전히 아들에게 아무런 연락이 없다는 딸의 이야기에도 속이 찌르르 쓰라릴 뿐. 금세 돌아서서 복자에게 밥을 먹이고 뒤척이는 몸을 일으켜세워주웠다.

그것은 춤을 배우는 과정과도 같았다. 서툴고 조심스럽지만, 점점 리듬을 맞춰가는 데는 시간이 필요하다. 때로는 발이 꼬여 넘어지기도 하고, 때로는 박자를 놓치기도 했지만, 그럴 때마다 서로를 붙잡아주며 다시 일어섰다. 그러다, 익숙해져가는 것이다.

아침이면 복자는 행자가 들고 오는 미지근한 물 한잔을 마시고, 힘없는 턱 안에 죽을 한 순갈씩 흘려 넣었다. 그리고 나서는 창밖을 바라보았다. 그 곁에 앉아서 행자의 작은 일상들도 매일을 넘겨가고 있었다.

차가운 외풍이 창틈을 스치던 오후, 영하로 내려간 날씨에도 햇 이 따뜻하게 내리쬐던 날이었다. 멀리서 아이들의 웃음소리가 바람을 타고 흘러왔고, 어머니들의 다정한 목소리도 함께 들려왔다. 골목 어귀에서는 한 노인이 고양이에게 먹이를 주었다. 그 모습조차도 한 폭의 그림 같다고, 창 밖을 내다보며 행자는 생각했다. 앙상한 나뭇가지 사이에서도 생명이 꿈틀거리는 소리가 사방에서 들려오는 그런 오후였다.

행자의 옆에서 창밖을 바라보던 복자가 나직하게 말했다.

"나도 꽃 보러 나가고 싶어."

이 계절에 꽃이 있을 리가 없는데도 행자는 천진하게 칭얼거렸다.

"같이 가자. 응?"

복자가 고개를 끄덕였다.

"네, 같이 갑시다."

그날 오후, 행자는 복자의 어깨를 담요로 감싼 채 아파트 밖으로 한 발 한 발 내딛었다. 내딛는 한 걸음마다 복자는 흔들리는 다리에 놀라 어쩔줄을 몰랐다. 몇 개월

사이 급속도로 몸이 약해진 것이다. 그럼에도 아파트 밖으로 나가자 복자는 상쾌한 공기를 마시며 중얼거렸다.

"아, 시원하다."

그 뒤로 그녀의 발걸음에는 새로운 생기가 스며들어 있었다. 오랜만에 맡는 달콤한 바깥공기와 따스한 햇살, 피부에 닿는 바람 한 줄기도 소중히 음미했다.

행자는 복자를 조심스럽게 이끌어 집 앞 작은 공원의 벤치에 앉혔다. 나란히 앉아 바라볼 것이라고는 앙상한 가지 뿐이었다.

"꽃이 보여요?"

"그럼. 너무 예쁘네."

말이 끝나기도 전에, 복자는 기침을 하며 몸을 떨었다. 행자는 다급히 보온병을 꺼내 미지근한 물을 마시게 했다. 두 발로 나올 수 있는 것은 오늘이 마지막일 것이라고 행자는 생각했다. 다음 산책에는 유모차나 보행기 같은 것이 필요할지도 몰랐다. 근심어린 표정의 그녀를 돌아보며, 복자가 말했다.

"아가씨, 고마워."

"나오니 좋으세요?"

"어릴 때 엄마랑 꽃 구경 갔거든. 꽃이 어쩜 눈처럼 내리던지. 한참을 봤어.”

목소리는 오래된 상자 속에 감춰둔 기억을 조심스럽게 꺼내는 듯했다. 그 기억 속에는 잃어버린 순수함과 따뜻함이 고스란히 살아 숨쉬고 있었다. 어린 소녀의 웃음소리와 어머니의 부드러운 손길, 그리고 만개한 벚꽃 아래서의 행복한 시간이 복자의 흐린 눈 앞에 파노라마처럼 펼쳐지고 있는 중이었다.

“참 좋았겠네요.”

행자의 맞장구에 복자가 대꾸했다.

“지금도 좋아. 꽃도 보고, 아가씨랑 이야기도 하고 행복하네.”

그 말에 행자는 한참을 말없이 그녀를 바라보았다. 한때 그토록 멸시하고 우습게 여겼던, 못 볼 꼴을 보인다고 미안해하던, 새벽에 도란도란 자식 이야기를 나누던 자신을 제대로 알아보지도 못하는, 사돈의 흐릿한 눈을 바라보며 행자는 자기도 모르게 중얼거렸다.

“그래요? 저도……행복하고 싶네요.”

“행복하면 되지.”

그 말과 함께 바람이 불어와 더 많은 꽃잎이 두 사람 주위로 흩날렸다. 아니, 꽃잎이 아니라 눈발이었다. 따뜻한 눈이 두 사람의 어깨 위에, 무릎 위에 조용히 내려앉았다.

"추우니 들어가요, 사부인."

손을 잡아 일으키는 행자를 보며, 복자가 물었다.

"아가씨는 이름이 뭐야?"

"행자에요. 김행자."

그날 행자는 오랜만에 자신의 이름을 불러보았다. 반찬가게 문을 닫기 전까지만 해도 하루에 수십 번씩 사람들은 그녀를 불렀다. 택배기사조차도 김행자씨 계십니까, 하고 가게 문을 열어 그녀를 불렀다. 행자도 대답했다. 제가 김행잔데요.

한동안 내 이름을 듣지 못했구나. 행자는 생각했다. 집을 잃고, 아들을 잃고, 하마터면 이름까지 잃어버릴 뻔했던 것이다. 행자는 복자를 안아 일으키고, 목도리와 담요의 매무새를 고쳐주며 입을 달싹였다.

그리고 자기가 돌보는 여자의 이름을 한 번 불러보았다.

"이복자 씨."

불러도, 복자는 아무말 없이 천천히 팔이 이끄는 대로 조심조심 걸을 뿐이었다. 행자는 한 번 더 크게 불렀다.

"복자 씨. ……복자야."

“응?”

자기를 부르는 목소리에 복자가 돌아보았다. 소녀처럼 맑은, 근심도 슬픔도 없는 얼굴이었다. 행자는 다시 한 번 불러보았다.

“복자니?”

“그래 얘. 왜 남의 이름을 자꾸 부르니?”

쌀쌀맞게 쏘아붙이는 것은 어떤 오래전 행자는 알 수 없는 시간 위의 복자가 분명했다. 새침한 표정으로 돌아본 복자는 다시 힘없이 고개를 떨어뜨리고 아파트 도보를 천천히 걸었다. 그 모습에 행자는 알 수 없는 반가움에 사무쳐 행자의 어깨를 끌어안았다.

“같이 가자, 복자야.”

“달라붙지 말아라.”

투덜거리면서도 복자는 행자의 팔 안에서 한 발씩 앞으로 걸어나갔다. 아파트 입구에는 천천히 내리기 시작한 눈이 소복이 쌓이고 있었다. 행자와 복자의 머리카락과 어깨에도 눈이 머물렀다 어느새 녹아 사라졌다.

모든 것은 녹아 사라지지만, 그래도 아주 잠시만큼은 꽃잎처럼 아름다운 것이다. 꽃잎처럼 두텁고 소담한 눈발 속에서 두 여자는 새로운 집 안으로 들어갔다.

11장
늦가을 서리꽃

긴 꿈에서 깨어난 복자가 눈을 떴을 때, 세상은 먼저 깨어나 있었다. 창밖에서는 참새들이 지저귀며 하루를 시작하고 있었고, 멀리서 들려오는 아이들의 웃음소리가 바람에 실려 왔다.

"일어나셨어요?"

행자가 미소를 지으며 인사했다. 복자는 잠시 멍하니 그녀를 바라보다가, 천천히 미소를 지었다.

"자네구나."

"네, 저 행자에요. 좀 어때요?"

"머리가 너무 맑아. 배도 고프고."

복자는 죽 한 그릇을 바닥까지 다 긁어먹었다. 바깥

이 소란스러운 것이, 아들 내외가 출근 준비를 하는 모양이었다. 복자는 행자에게 부탁해 겨우겨우 문 밖에 나섰다.

"날씨도 추운데 조심히 다니렴."

놀란 부부 뒤로 어느새 키가 부쩍 자란 손자 손녀들의 시선이 느껴졌다. 복자는 아이들에게 손을 내밀었다.

"학교가서 선생님 말씀 잘 듣고."

젊은 가족들이 모두 제갈길로 흩어진 뒤엔, 얼마 만인지 목욕을 했다. 행자가 오랜만에 때 빼고 광내자며 욕실로 잡아끈 탓이었다. 잠깐의 실랑이도 있었지만, 복자는 따뜻한 물속에서 날이 갈수록 주름지고 흐트러지는 몸을 깨끗이 닦았다. 약해진 피부는 약간의 마찰에도 금세 상처가 난다며, 행자는 갓난아이를 씻기듯 수건으로 조심스럽게 복자의 몸을 닦았다.

정오가 되자 햇살은 더욱 강렬해졌다. 방 안의 모든 것이 선명한 윤곽을 드러내며, 고해상도 사진처럼 또렷해졌다. 복자의 화장대 위에 놓인 작은 거울이 햇빛을 받아 반짝였고, 그 빛이 천장에 작은 무지개를 그렸다. 행자는 그 무지개를 보며 어린 시절을 떠올렸다. 어머니와 함께 비 온 뒤 하늘에 뜬 무지개를 보며 손뼉을 치던 그 순간들을.

"저기, 저 빛 좀 봐."

복자는 행자를 불러 천장의 무지개를 가리켰다.

"이 집에서 이런 걸 다 보고. 아름답네."

예전의 복자라면 그런 작은 것들에 눈길조차 주지 않았을 것이다. 하지만 어쩐지 복자는 오늘따라 집안 구석구석이 예뻐 보였다. 엎어두었던 액자도 바로 세웠다. 언제 마지막으로 보았을까? 꼴 보기 싫은 남편의 얼굴과 두 아들의 얼굴이 담긴 사진은 햇볕에 바래 희미해져 있었다.

정오를 넘기자 햇살이 제법 뜨거웠다. 차갑던 방 안 공기는 기분 좋게 달궈져있었다. 복자는 햇볕을 받으며 깜빡 졸다가, 소스라치게 놀라며 일어났다. 지켜보던 행자가 중얼거렸다.

"피곤하면 주무시지."

복자는 말없이 고개를 저었다. 아직은 잠들고 싶지 않았다.

곧 서쪽으로 기운 해가 창문의 각도를 바꿔 비치기 시작했다. 햇살은 수직으로 내리쬐는 대신 비스듬히 누워 방안을 부드럽게 어루만졌다. 그 빛은 아침의 차가운 은

빛도, 정오의 뜨거운 금빛도 아닌, 홍차 찻물처럼 따뜻한 꿀색이었다.

"나……차 한 잔 줄 수 있을까?"

복자의 부탁에 행자가 가져온 차는 볼품없었다. 별볼일 없는 찻잔에, 티백 하나가 덜렁 들어있었다. 그러나 복자는 별말 없이 찻잔을 손에 쥐어보았다. 집안 찬장이며 진열장에 가득했던 찬란한 유럽제 다기들이 떠올랐다. 아름답던 찻주전자와 그릇들을 가득 모아두고 접시에 이라도 나갈까 정성스레 돌보았다.

이제 그 많은 다기는 어디로 갈까? 누구든 좋아하는 사람이 가져가면 좋겠다고 생각하며 복자는 조용히 차를 마셨다. 침대맡에 마주 앉아 믹스커피를 마시던 행자가 말했다.

"오늘은 한결 좋아보이시네요."

"응. 좋네. 정신도 맑고, 그동안 꿈을 꾼 것 같이."

복자는 행자를 돌아보았다.

"자네 얼굴도 오랜만에 보는 것 같아."

"아이고, 항상 옆에 있었더니 참 섭섭한 소리 하시네요."

그럴까? 어느샌가 자연스럽게 곁에서 말을 붙이는 행

자가 복자는 더 이상 어색하지 않았다. 그녀가 안개 낀 듯 텁텁한 시간을 헤매는 동안 행자가 길잡이를 해준 것일까. 입에 죽을 떠넣어주던 손길과 화장실 가는 길을 번번이 의지하던 팔을 행자는 어렴풋이 떠올렸다.

어느새 해가 저물었다. 하늘은 거대한 캔버스가 되어 주황, 분홍, 보라, 빨강 색색이 서로 경계 없이 섞이며 초마다 새로운 그림을 그려냈다. 복자와 행자는 나란히 그 장관을 바라보았다.

이것이 마지막으로 보는 노을일지도 몰라.

복자는 문득 생각했다. 다시 깊은 꿈속으로 들어가고 나면, 다음에는 이것이 노을인지 일출인지, 아니 저녁나절인지 아침나절인지나 구분할 수 있을까?

하지만 더 이상 복자가 바꿀 수 있는 일은 없었다. 그녀가 앓고 있는 치매라는 병이 어떤 방식으로, 어떤 속도로 자신을 갉아먹을지는 그 누구도 알 수 없다. 언제 끝날지만이라도 알 수 있다면 손가락을 꼽고 달력을 넘겨가며 마지막을 준비해볼 수 있겠지만, 그런 행운조차 복자에게는 주어지지 않는다.

그나마 유일한 행운이라면 옆에서 노을을 바라보는 행자의 존재다. 앞으로 얼마나 고생을 할까. 복자는 미안한 마음에 한참 동안 행자를 고요히 바라보았다. 이 미안함과 고마움을 어떻게 다 말로 할까. 주저하던 복자는 서서히 눈앞이 흐려지는 것을 느꼈다. 그리고 또다시 의식 저 너머로 천천히, 깊이 쓰러졌다.

-

그날 새벽 내내 복자는 잠꼬대를 했다.

"엄마……엄마……."

행자는 조용히 일어나 그녀의 손을 잡았다. 그러자 복자의 얼굴이 어머니의 손길을 느낀 아이처럼 다시금 평온해졌다. 행자는 그녀의 손을 쓸어내리면서 잠든 얼굴을 지켜보았다.

방 안의 시간은 바깥세상과는 다르게 흘렀다.

복자의 방 안에서는 과거와 현재, 그리고 미래가 모두 하나로 어우러져 있었다. 복자의 기억 속 어린 시절도, 행자의 현재도, 그리고 둘이 함께 만들어갈 미래도 모두 작은 방 안에 있었다.

하루가 지나고 또 하루가 왔다. 각각의 순간들이 모여 시간을 만들고, 그 시간이 모여 기억을 만들었다. 복자와 행자가 함께 보낸 그 모든 순간은 목걸이에 꿰인 구슬들처럼 모두 소중하고 아름다웠다. 훗날에 남은 사람이 보고 참 좋았었다고 돌아볼 수 있도록.

행자는 새벽의 시간 속에서 얼마 전 서리꽃을 발견한 날을 떠올렸다.

이른 아침, 베란다의 외풍을 확인하다 나뭇가지에 핀 서리꽃을 보고 얼마나 즐겁던지. 행자는 들뜬 마음을 누르며 조용히 복자의 방 문을 열었다. 방안은 아침 햇살에 은은히 물들어 있었고, 창문을 통해 들어온 빛은 복자의 머리맡을 부드럽게 감싸고 있었다.

일찍 일어난 복자는 침대에 앉아 창밖을 물끄러미 바라보고 있었다. 그녀의 눈동자에는 오래된 기억이 호수처럼 고요히 서린 듯했고, 그 속엔 낯익은 고요와 낯선 쓸쓸함이 함께 머물러 있었다.

“사부인, 나무에 서리꽃 좀 보세요. 반짝이는 게 꽃보다 더 예쁘네요.”

행자는 방의 창문을 열고 복자의 몸을 천천히 일으켜 주었다. 복자는 행자의 호들갑 속에서 가만히 고개를 끄덕였다. 그녀의 눈길은 창 너머 어딘가 먼 시간을 응시하고 있었다.

“나 어릴 때……. 엄마랑 서리 내린 밭을 걸었어. 뺨이 너무 시렸지만, 엄마 손은 참 따뜻했지.”

목소리는 공허했지만, 흐린 눈은 과거에 있었지만 복자는 분명 행자에게 말하고 있었다. 행자는 가만히 귀를 기울였다.

"우리 엄마가 그러는 거야. 너무 추워하지 말고 고개를 들고 보라구. 서리꽃이 얼마나 예쁘니? 동장군이 우리 딸 보라고 저렇게 예쁜 선물을 만들어주었네……."

그녀의 목소리는 겨울 문턱의 바람처럼 희미하고 잔잔했다. 그 속에는 세월이 만든 깊은 그리움과 애틋함이 물결처럼 출렁이고 있었다. 행자는 조심스럽게 복자의 손을 감쌌다. 차가운 그 손에는 세월의 굴곡과 지난날의 그리움이 고스란히 담겨 있었다.

"어머님이 사부인 정말 사랑하셨나 봐요."

방안은 시간이 멈춘 듯 고요했다. 창밖에서는 이따금 서리가 녹아내리는 소리가 물방울처럼 톡톡 들려왔다.

복자의 눈가에 물기가 맺혔다.

"그 고생 하는 걸 보며 엄마처럼 되지 않겠다고 평생 애를 썼는데. 결국 우리 엄마처럼 외로워졌어."

퍼석하게 마른 복자의 뺨에 눈물이 한 줄기 흘렀다.

"하지만 이제 알겠네……. 외로움도 사랑이지. 사랑하니 외로울 수밖에."

"사부인."

"내가 아니, 그럼 됐어."

말하며, 복자는 천천히 눈을 감았다. 기력이 없는지 숨소리는 걱정스러울 정도로 옅었다.

행자는 소매로 복자의 눈물을 닦아주었다. 병인 치매도 치료하지 못하면서, 한낱 인간이 외로움을 어떻게 정복할 수 있을까? 번듯한 아파트에 자기 집이 있어도, 그 안에 반짝이는 다기들이 가득 채워져 있어도, 남부러울 것 없이 성공한 큰아들을 두고 있어도, 밤마다 어머니가 잘 있었는지 걱정하는 작은 아들이 곁에 있어도……그 많은 복 속에서도 복자는 외로웠다.

"그래요. 괜찮아요, 사부인."

행자는 복자의 어깨를 토닥였다.

"사부인이 알면 됐죠. 알고 있으면, 우리가 사랑하던 건 언제나 함께 있는 거예요."

그 말에 복자는 행자를 돌아보면서 미소를 지었다. 사라져가던 햇살이 마지막으로 남기는 따뜻한 여운 같았고, 꽃잎이 바람에 흩날리기 직전의 아름다운 순간 같았다.

이 기억은 나에게 언제까지 남아줄까.

새벽이 지나가고 있었다. 행자는 마른 손을 더욱 꾹 눌러 잡았다. 그녀의 손에서 미움과 원망이 사라진지는 오래였다. 잠시나마 가졌던 동정이나, 지켜야 한다는 결의도 이제는 사라졌다. 그 대신 오래도록 말하지 못한 사랑과 연민이 따뜻한 꿀처럼 스며들어 있었다.

-

그 새벽이 지나자 복자의 몸은 날이 갈수록 쇠약해졌다. 밥을 삼키는 것도, 눈을 뜨는 일조차 힘에 부쳤다. 자주 몸에 열이 오르고 내리기를 반복했다. 진찰을 온 의사는 입원을 재차 권했다. 너무 약해져서 검사는 둘째 치고 산소호흡기부터 달아야 할 판이라는 것이었다.

옆에서 망설이는 사위를 보며 행자는 단호하게 반대했다.

"그냥 둬요."

"어머님, 이러다 저희 어머니 정말 가시면 어떡해요."

사위가 울먹였다. 행자가 처음 보는 모습이었다.

"어디 사부인이 병원에 옮겨줬다고 칭찬할 인물이야? 그냥……원하시던 거 하나라도 들어드려. 내가 마지막까지 돌볼 테니 자네는 인사를 해."

어머니가 싫어한다며 방에 들어가는 것을 완강히 거

부하던 행자의 사위는 그렇게 처음이자 마지막으로 긴 시간을 복자의 방에서 보냈다. 이어 행자의 딸이, 손자와 손녀들이 침대에 힘없이 누운 복자와 차례대로 마지막 인사를 나누었다. 그들이 무슨 이야기를 나누었는지 행자는 몰랐지만, 누구에게나 충분한 준비가 필요하다고 믿었다.

늦가을이 되자 눈을 부르듯이 매일 밤 서리가 내렸다. 행자는 그 밤 동안 복자의 숨결 하나하나를 지켜보았다. 숨이 점점 가늘어져 가도 그 속에는 여전히 생명의 온기가 남아 있었다.

유난히 별빛이 방 안에 희미하게 내려앉은 새벽에 복자는 조용히 눈을 떴다. 눈동자는 오랜만에 맑고 고요한 날이었다. 새벽 호수처럼 평온하고 투명한 의식으로 복자는 행자를 불렀다.

"행자."

행자는 긴 간병으로 푸석해진 얼굴로 부스스 눈을 떴다. 복자가 그녀의 이름을 부른 건 처음 있는 일이었다. 이제는 뼈만 남은 앙상하고 볼품없는 손이, 행자의 손을 향해 파르르 떨리고 있었다.

"사부인 뭐 필요한 거 있으세요?"

"……."

"……사부인, 복자 씨?"

복자는 이름을 불리고도 한동안 말이 없었다. 자기가 어떤 이름을 가지고 있었는지도 잊어버린처럼 가만히 있던 그녀가 이윽고 중얼거렸다.

"자네가 내 딸이었다면……."

그 말은 멀리서 불어오는 겨울바람에 흩날리는 마지막 나뭇잎처럼 조용히 떨어졌다. 행자는 어느 틈에 볼에 흐른 눈물을 닦아냈다.

"딸은 무슨 딸이에요. 동생으로 해요."

"동생……나는 동생이 없는데. 있었다면 좋았을까……."

복자는 마지막 힘을 다해 그녀의 손을 감쌌다.

늦가을의 마지막 서리꽃이 햇살에 녹아내리듯, 복자의 숨결도 서서히 사라져갔다. 행자는 뻣뻣한 손을 두 손으로 움켜쥐었다. 방 안에 말할 수 없이 깊은 평안이 스며든 순간이었다.

-

장례에 쓰인 복자의 영정사진에는 화려하게 차려입고 립스틱을 바른 복자가 들어있었다. 조문객들은 사위의 어깨를 두드리며, 어머님이 어쩌다가 젊은 나이에 돌아가셨냐며 위로했다. 복자가 마지막에 앓았던, 그녀를 괴롭히다 못해 칠십 대의 나이에 죽음에 이르는 쇠약으로 이끌어간 병을 아는 사람은 거의 없었다.

행자는 장례기간 대부분의 시간 동안 집을 지키고 있었다. 사돈이 오래 식장에 있어서 좋을 것도 없었고, 있을 필요도 없다고 생각한 탓이었다. 살아있을 때 마치 한 몸처럼 붙어있던 두 여자였다. 이제 더 이상 내가 무엇을 해줄 수 있을까? 대신 행자는 남은 복자의 자리를 말끔히 치웠다. 침대 이불과 시트를 빨고, 남은 물건들을 상자에 담아 구석에 밀어두었다. 바쁜 딸과 사위가 다시 일상으로 돌아오는 것이 한결 낫도록.

발인 날 지쳐서 돌아온 딸 부부를 행자는 태연스럽게 맞이했다. 맛깔스럽게 차린 반찬과 윤기 도는 잡곡밥, 그리고 소금으로만 간한 심심한 미역국으로 차려낸 상을 젊은 부부는 말도 없이 먹어치웠다. 사위가 미역국을 바닥까지 비우는 것을 보며, 행자는 복자를 떠올렸다.

정말 갔구나.

식사 후 찻잔을 내려놓고 행자는 딸에게 말했다.

"이제 엄마도 가보련다. 네가 노인 둘 모시느라 고생

이 많았어."

행자의 딸이 놀라 고개를 들었다.

"왜, 어떻게 하려고 그래요? 어디로 가려고 그래요. 엄마 집도 이제 없는데……."

"그러니까 가서 정리를 해야지. 내가 살던 동네 아니니. 잘못한 일도 없는데 죄인처럼 쫓겨나왔어. 괜히 부끄러워서."

행자는 창밖을 바라보았다. 어딘가 텅 비어 있던 마음이 서서히 무엇으로 채워지는 느낌이었다. 슬픔도 기쁨도 아닌, 그 모든 것을 포함한 깊은 이해와 받아들임이었다.

이제 행자에게는 새로운 시간이 생겼다. 행자 자신을 돌아볼 시간이었다. 길지는 않지만, 복자가 마지막에 그녀에게 남겨준 것을 천천히 이해해보기에는 충분한 시간이다.

결심보다 큰 시작이었다.

복자와의 시간은 행자의 지난 시간을 바꾸었다. 원망은 이해로, 거리는 연민이 되었다. 오늘의 시간 또한 새로워졌다. 모든 감정이 결국 사랑이라는 한 줄기로 모여든다는 것을 이제 행자는 알았다. 여러 개의 시냇물이 하나의 강으로 흘러가듯.

안절부절 못하는 딸의 배웅을 받으며 행자는 집으로 가는 버스에 올라탔다. 창밖으로 늦가을의 풍경이 빠르게 흘러갔다. 곧 명백한 추위와 함께 겨울이 오겠지만, 그것이 쓸쓸한 끝을 의미하지는 않음을 행자는 알았다. 다음 계절을 품은 시작일 뿐이다.

눈이 오면 서리꽃은 사라진다. 하지만 눈이 녹은 다음에는 오래전 서리꽃이 있었던 자리에 봄이 움튼다. 복자와 나누었던 순간이 행자의 또 다른 순간으로 이어지는 것도 같은 일일 것이다. 그리고 행자의 새로운 삶은 버스 위에서부터 시작되고 있었다.

행자는 휴대폰을 열어 아들의 전화번호를 눌렀다. 창밖의 마른 들판에는 잔별처럼 촘촘한 서리가 내려앉아 있었다.

늦가을 서리꽃

행자幸子와 복자福子 이야기

초판 1쇄 | 2026년 1월 7일

저 자 | 오인택, 서국선
발행인 | 윤승천
발행처 | (주)건강신문사

등록번호 | 제25100-2010-000016호

주 소 | 서울특별시 은평구 통일로 712-1
전 화 | 02)305-6077(대표)
팩 스 | 02)305-1436
메 일 | health305@naver.com
kksm305@hanmail.net

인터넷건강신문 | www.kksm.co.kr
한국의첨단의술 | www.khtm.co.kr
헬스데일리 | www.healthdaily.co.kr

ISBN 978-89-6267-162-9 (03800)